Transit-Oriented Development

The Concept and Its Practice in China

公共交通引导城市发展

——TOD 理念及其在中国的实践

江玉林　韩笋生　主　编
彭　唬　严　宁　副主编

人民交通出版社
China Communications Press

内 容 提 要

本书共分6章,分别为:概念与背景、以公交为导向而发展的国际大都市实例分析、中国的城市及城市交通发展、TOD与中国、TOD在中国城市的实践典型案例分析、分析与建议。

本书可供城市交通可持续发展研究、城市规划、城市综合交通规划人员、研究人员以及城市建设与管理者参考。

图书在版编目(CIP)数据

公共交通引导城市发展——TOD理念及其在中国的实践/江玉林,韩笋生主编.—北京:人民交通出版社,2009.9

ISBN 978-7-114-07984-9

Ⅰ.公… Ⅱ.①江…②韩… Ⅲ.城市运输:公共运输—研究—中国 Ⅳ.F572.3

中国版本图书馆CIP数据核字(2009)第164642号

书　　名:公共交通引导城市发展——TOD理念及其在中国的实践
著 作 者:江玉林　韩笋生
责任编辑:刘永超
出版发行:人民交通出版社
地　　址:(100011)北京市朝阳区安定门外外馆斜街3号
网　　址:http://www.ccpress.com.cn
销售电话:(010)59757969,59757973
总 经 销:北京中交盛世书刊有限公司
经　　销:各地新华书店
印　　刷:北京交通印务实业公司
开　　本:787×960　1/16
印　　张:14.5
字　　数:200千
版　　次:2009年9月　第1版
印　　次:2009年9月　第1次印刷
书　　号:ISBN 978-7-114-07984-9
印　　数:0001~2000册
定　　价:32.00元

中心简介

城市交通研究中心

城市交通研究中心隶属于交通部科学研究院，主要从事城市综合交通体制机制、发展战略、政策法规、标准规范、投资融资、票制票价研究及咨询服务；从事城市公共交通规划研究及咨询服务；承担城市公共交通系统、城乡客运一体化、货运配送系统和交通节能减排研究及咨询服务；开展空间信息技术和智能交通技术在城市交通管理和公共信息服务等方面的研究和技术开发；开展城市交通管理与交通组织的研究、评价和技术服务；开展城市交通领域的教育培训、合作交流和技术推广。

2005 年，城市交通研究中心得到瑞典沃尔沃教育与研究基金会的资助，成为基金会在全球建成的七个“未来城市交通”高级研究中心之一，旨在寻求城市可持续交通发展的最佳解决方案，推动中国乃至全球可持续交通的发展。

澳大利亚城市交通体制研究中心

澳大利亚城市交通体制研究中心是一个致力于推动和支撑澳大利亚和亚洲地区城市交通可持续发展的合作研究机构。依托墨尔本大学优秀学术团队，中心重点是开展综合交通运输体系的设计和交通体制改革研究。

澳大利亚城市交通体制研究中心是一家受沃尔沃研究与教育基金会资助的全球七个“未来城市交通”高级研究中心之一。

《公共交通引导城市发展——TOD理念及其在中国的实践》

编　委　会

主　　编　江玉林（交通部科学研究院）

　　　　　韩笋生（澳大利亚墨尔本大学）

副 主 编　彭　唬（交通部科学研究院）

　　　　　严　宁（澳大利亚墨尔本大学）

参编人员　郝记秀　郭　忠　李　炎　吴洪洋　张　勇

　　　　　冯立光　杨丽改　李振宁　刘蕾蕾　刘向龙

　　　　　张好智　郭谨一　陈徐梅　王永胜　许　巍

　　　　　宋晓梅　刘荣先

Foreword

This book is a breakthrough. It takes an idea originating in the USA (transit oriented development: TOD), critically examines it, and explores what can be learned for the future of Chinese and other East Asian cities. This book is not about slavishly copying 'Western' models but about learning from world wide experience while recognizing the importance of different developmental histories of cities in different nations.

What is transit oriented development? People like choices in their lives, and the chance to prosper. That is why they come to cities. However it is impossible to plan cities so that everyone lives near where they work and in close proximity to the locations of all the many activities that cities offer, for instance places providing shopping and education, health services and parks, places of entertainment and study, places where their friends and family members live. People like to choose where they live and where they go.

To take full advantage of the opportunities cities provide, transport systems are needed to carry people, wherever they live in the city, to the places they want to visit. The old industrial cities of Europe and North America first solved the transport problem with railways. The railways, both at the surface and underground, opened up large new areas of the surrounding countryside for residential development, and offered quick, efficient means of mass transportation from homes to workplaces. Later, however, the mass production of private cars allowed door to door transport and seemed to offer the maximum potential for choice. Indeed the rich had always possessed their own personal transport in private carriages. The automobile promised private transport for everyone. It seemed that anyone could live anywhere and go anywhere with *maximum individual choice*.

Because of the belief in maximum individual choice, during the twentieth century, private cars became the preferred transport mode in cities. Cars could go everywhere that there were roads. By the end of the century, however, three things had become apparent. First, the private car had not replaced mass transport by rail in high density residential areas. In fact most cities could not function without their railways: for instance London with its 'Underground', Paris with its 'Metro', New York with its 'Subway', Singapore and Hong Kong with their metro systems. Public buses on traffic – laden streets filled in the gaps, but could not carry the numbers of people at speed that railway systems were capable of. Secondly, it was noticed that cities that depended mostly on cars for transport were taking a particular form: very low density residential suburbs sprawling out far into the surrounding countryside, enormously expensive motorway systems connecting places, and very long distances to travel. These low density cities also consumed vast tracts of potentially productive agricultural land. Even so, attractive places, and even the motorways themselves, also attracted traffic congestion. Stated simply, car transport in cities used up vast amounts of space and never overcame the problem of traffic congestion. Thirdly, car transport for the urban population depended on cheap fuel provided by naturally occurring oil. But burning oil ('fossil fuel') released carbon dioxide gas into the atmosphere, which we now know is responsible for global warming. There is no cheap substitute for

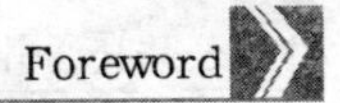

oil, and the limits of the world's natural oil supplies are being reached.

In the later years of the twentieth century, American cities, where dependence on the car had been taken furthest, started reinvesting in railways. Even Los Angeles, known as the classic example of the car – dependent city, built new metro lines. Unfortunately, however, sprawling low density residential suburbs, built to be served by the private car, are not easy to serve efficiently by rail. So urban planners started thinking again about the kind of urban form that would support railway, or 'mass transit', systems ('transit' is the American term for railway). Transit Oriented Development (TOD) was thus conceived. In TOD higher residential densities and commercial activities would be clustered around railway stations. Moreover building metro systems would have to be more closely integrated with land use planning and urban development. In this way many more people would be able to travel quickly from their homes to work and other city activities without having to drive on congested roads. They would be able to walk or cycle to and from railway stations. The trains would be electrically powered, and the electricity could be generated from sources that did not need fossil fuel. In this concept Americans were simply following the model of European and some East Asian cities where transit oriented development did not have to be invented because it was already there.

Many Chinese cities have high residential densities, some like Shanghai have very high densities, and the mobility of the people cannot be supported without efficient mass transport: 'metro' systems. These will often be railway systems but could be bus rapid transport (BRT) where fast buses run on road paths for buses only, functioning like railway lines. So does the TOD concept apply in China, and if so how? This book develops answers to these questions. Plainly the practice of TOD in China is very different from TOD in America where the idea originated. Yet the concept is still highly applicable. Private car transport is growing rapidly in China, and Chinese people have as much of a right to that form of convenient mobility as Americans and Europeans. Chinese car ownership will continue to grow, putting pressure on cities and threatening severe traffic congestion.

It is extremely important for the future of the cities that every means possible should be found to make the metro public transport systems work with maximum efficiency. That means that the planning of transport systems and the planning of urban development must go hand in hand: integrated transport and land use planning. The TOD principle of locating higher residential densities and clustering urban services and workplaces close to metro stations is highly applicable. This principle applies especially in areas of new urban growth on the edge of existing cities which may take place at lower than average residential densities. These areas need to be linked to the metro transport systems so that residents can easily and conveniently access the opportunities of the whole metropolitan city.

China's tradition of strong urban planning can take the TOD principle much further and make much better use of it than in America and Australia, where planning is weak and it has proved very difficult to direct commercial urban development to specific locations. The individual decisions of real estate developers and builders in undirected land markets with minimum urban planning do not produce socially optimum outcomes.

As countries around the world move away from fossil fuel based, high carbon emission solutions, integrated transport and land use planning will become ever more necessary. The ideal model of urban transport is changing. In the twentieth century the ideal was 'motorized personal mobility'. The main concern of transport planners was the relief of traffic congestion on roads. There seemed no end to cheap fuel. The preferred mode of transport was private vehicles. The primary solution to urban mobility was to build more and bigger roads.

But that was the last century, and it is no longer the ideal model for the future. In the twenty first century the ideal model is 'sustainable transport'. The primary concern is the impact of industries such as transport on the global environment. Fair mobility for all must be reconciled with the environmental limits of planetary ecosystems such as the atmosphere. The main assumptions are that users must pay the full environmental costs of their transport choices, and that cheap oil is coming to an end. The best way for cities to function efficiently is with perfectly integrated transport systems where all forms of transport play their part and work together, including walking and cycling, mass rapid transport, buses, roads and cars. TOD shows how such systems can be integrated with land uses for optimum effect. This social optimum does not mean preventing car ownership, but , in the perspective of the twenty first century, overemphasizing the use of cars to get around cities is at best a second rate solution, and at worst a disaster of congestion and pollution.

Nicholas Low

Director of GAMUT and Professor in the Urban Planning Program, Faculty of Architecture, Building and Planning, the University of Melbourne, Australia

(*GAMUT - The Australasian Centre for Governance and Management of Urban Transport - is one of seven Centres of Excellence in Future Urban Transport sponsored by the Volvo Research and Education Foundations*)

序

这是一本具有一定突破意义的书，它通过TOD（公共交通引导城市发展）这个来源于美国的城市发展理念，来探讨中国城市未来发展之路。这本书并不是简单地列举西方国家的城市模式，而是通过对不同国家城市发展历史过程的回顾，来探讨在世界范围内，城市发展方面的成功经验和值得借鉴的教训。

什么是公共交通引导城市发展？人们喜欢自己的生活能有更多的选择，也希望自己的生活更为富足和丰富多彩，这就是人们涌入城市的原因。然而，所有的城市都不可能规划得如此完美，以使每个人的居所都靠近他的工作地；靠近城市所提供的各种设施，如商店、学校、公园、医院诊所及娱乐场所；也靠近其亲戚朋友的居住地。不过，人们可以且愿意选择自己住哪里和去哪里。

为尽可能充分地享受城市所提供的各种机会，人们需要交通工具。交通系统使人们可以穿梭于住所和城市的各个角落。欧洲及北美的一些老的工业化国家最初是通过铁路来解决人们的日常交通问题的。这些地上或地下轨道交通系统促进了城市周围乡村地带的开发，使那里成为住宅区，人们每天通过高效、快速的铁路系统往返于住所和工作场所。然而，随后的一段时间，私人汽车开始了大规模的生产。相比轨道交通，私人汽车可以实现门到门的交通出行，因而可以使人们的选择潜力达到最大化。的确，一直以来，那些富有的人都是通过私人交通工具来进行日常出行的。汽车工业的发展，使得每个人都有了拥有私人交通工具的可能，它似乎确实使人们最大限度地实现了自由选择住哪里和去哪里的愿望。

正是因为人们相信私人汽车可以最大限度地实现其出行选择，所以在20世纪，私人汽车成为许多城市最为崇尚的交通模式。只要哪里有路，人们就可以开着车去哪里。然而，到了20世纪末，以下三个方面的问题明显显现出来。首先，在一些高密度住宅区，私人汽车并没能替代铁路公交。事实上，在许多城市，离开轨道交通，城市就无法运作，例如伦敦的“Underground”、巴黎的“Metro”、纽约的“Subway”、新加坡的MRT及香港的MTR等都是非常有效且不可或缺的城市轨道交通系统。除此之外，公共汽车被用来填补那些轨道交通无法顾及的街区，但公共汽车无法像轨道交通一样实现大容量和高速度的交通服务。第二，人们意识到，那些以私人汽车为主要交通形式的城市，其城市形态形成了一种特定模式，即低密度的住宅向周围的郊区不断扩充和蔓延、道路系统建设和维护投入巨大、人们每天必须长距离行驶。此外，这种低密度的城市侵占了大量的潜在农田，然而，在那些繁华地区，甚或是公路本身，也总会发生交通拥堵的情况。简单地说，以私人汽车为主导的城市所面临的境况是，即使城市占用了巨大的空间，但却永远无法摆脱交通拥堵的困境。第三，城市人口以私人汽车作为主要交通工具需要以廉价的天然石油资源为依托，我们现在知道，油气燃烧所释放的二氧化碳气体进入大气层，是目前全球变暖的主要原因。但直到现在，人们仍没有找到可以替代石油的廉价能源，全球的天然石油资源供给已经接近极限。

20世纪末期，那些以私人汽车为主要交通模式的美国城市开始重新投资修建轨道交通。甚至是在传统上被认为是私人汽车依赖型城市样板的洛杉矶，也开始修建轨道交通系统。然而不如所愿的是，蔓延式开发的低密度郊区住宅，当初是按照以私人汽车作为交通工具来设计和建设的,这样的住宅区无法有效地利用轨道交通系统。因此,规划师们开始寻找能够支撑大容量轨道交通的城市模式,以公共交通引导城市发展(即TOD)的理念因而产生了。按照TOD理念,高密度的住宅及商业设施集中于轨道交通线的站点周围,因此特别强调轨道交通线路的建设必须与城市土地利用规划及城市的整体发展相协调统一。这样的发展模式将使越来越多的人不需要在拥堵的公路上驾驶,就可以实现住所与工作地之间的快速连接。人们可以通过步行或自行车到达轨道交通站,而轨道列车则以不需要消耗天然资源而生产出的电力为动力。美国人所提出的这一TOD理念,实际上只是简单地随从了欧洲及某些亚洲国家的城市发展模式,因为在这些国家和城市,以公共交通为主导并不是创新,而是早就已经这样做了。

中国的许多城市具有很高的人口密度,如上海的人口密度就非常高,如果没有有效的大容量公共交通系统,人们将难以进行日常出行。大容量公共交通系统主要指轨道交通系统,也可以包括快速巴士(BRT)系统。快速巴士具有大容量的特点,并在专用道上运行,其功能与轨道交通类似。在中国大多数高密度的城市中,是否可以实施,以及如何实施TOD呢?本书回答了这一问题。尽管产生于美国的TOD理念在中国的运用与在美国的运用具有很大不同,但在中国的城市发展中遵循TOD理念具有相当的可行性。目前,私人汽车交通正在中国快速地发展,中国人有权利像美国人和欧洲人一样享受方便的交通出行。中国的私人汽车拥有率还会不断增加,不过它将为城市带来巨大的压力,并使城市面临严重交通拥堵的威胁。

特别需要强调的是,将来的城市必须通过各种途径来保证公共交通系统的最有效运作。这就意味着，城市交通系统的规划必须与城市的整体规划相结合，也就是要实现交通规划与城市土地利用规划的协调统一。将高密度住宅及城市服务设施和工作场所集中于大容量公共交通站点周围，这一 TOD 理念的要点具有很高的可行性，它尤其对于那些城市边缘的新区开发具有指导意义，这些新开发区需要与大容量公共交通系统相连接，从而使其居民可以方便、快捷地去到城市的各个地方。

中国传统中的规划强势，将有助于 TOD 理念在中国得到比在美国和澳洲更为有效的实施，因为在美国和澳洲这样的国家，规划的指导力度很弱，城市开发是属于商业性的，要想让城市开发在特定的指定地点进行是一件很难实行的事情。在这种城市规划微不足道，以及缺乏引导的土地市场上，房地产开发商和建筑商按照个人意愿来进行开发，这种开发模式很难把保障开发项目具有优良的社会效益作为前提。

目前，世界各国都在设法减少天然燃料的使用，以及设法减少碳排放量，在这种情况下，城市交通与城市土地利用的协调统一规划变得更为必要。城市交通的理想模式是在不断变化的。20 世纪的理想交通模式是“机动化的个人出行”，那时，交通规划师所关心的问题是如何缓解道路上的交通拥堵，而人们也觉得廉价石油将取之不尽，因此人们崇尚私人汽车的交通模式。实施这种模式所需要做的主要就是建设更多、更宽的公路。

但是，在 21 世纪，私人汽车将不再是理想的交通模式，理想模式是“可持续交通”。如何应对包括交通业在内的各种工业对全球环境的影响，已成为当前最被关注的问题。在考虑确保每个人都享有公平交通的同时，必须考虑环境（如大气）所能承受的限度。现有的主

要假设是,廉价石油的时代很快将要结束,而今后交通使用者在选择不同的交通形式时,也将必须以支付专门费用为代价,用以补偿其对环境造成的损害。目前,保证城市有效运行的最佳办法是采用综合性的交通系统,它是指各种交通形式(包括:步行和自行车、大容量公共交通、巴士、道路和私人汽车等)各司其责,相互补充。TOD显示这样的综合交通系统需要与合理利用城市土地相结合,才能达到最佳效果。这种最佳社会效果的含义并不是要阻止人们拥有汽车,不过,以21世纪的视角来看,过度强调使用私人汽车是不恰当和不明智的,因为它将带来拥堵和环境污染之灾难。

尼古拉斯·劳

澳大利亚交通体制研究中心主任

墨尔本大学建筑规划学院城市规划教授

(严宁 译)

前　言

近年来,随着国民经济的持续快速增长,中国城市发展进入了快速增长期。据2007年统计数据显示,中国人口超过百万的大城市有118个,人口为100万~200万的城市有79个,人口为200万~400万的城市有26个,人口超过400万的城市有13个,北京、上海、重庆等特大城市人口更超过了千万。中国城市的发展在带来城市人口大幅增加的同时也带来城市空间的快速扩张,并使城市交通需求迅速增加。中国城市在空间上快速发展的特点包括:一方面,城市居住区向郊区迅速扩散;另一方面,就业、商业、文化等设施仍在老城区高度集聚。这种非均衡的城市空间扩张形态,加剧了交通出行量的增加。与此同时,随着经济的发展,私人汽车的拥有率空前提高。尽管许多城市投入了大量资金用于道路基础设施建设,但道路的建设速度仍然远远赶不上汽车数量增加的速度。城市环境污染、交通拥堵、能源紧缺等问题随之出现并不断恶化。

面对中国城市发展中的问题,中国政府开始意识到,控制城市无序扩张并发展公共交通是解决中国城市问题的根本出路。温家宝总理在十六大政府工作报告中指出,要防止城市建设贪大求洋、浪费资源和缺少特色,并针对城市交通的发展,特意强调了"坚持优先发展城市公共交通"的原则。相关政府部门也相继发布了《关于优先发展城市公共交通的意见》和《关于优先发展城市公共交通若干经济政策的意见》等文件,明确提出"优先发展城市公共交通是提高交通资源利用效率,缓解交通拥堵的重要手段",并以国家行政法规的形式将城市公共交通界定为公益性事业，指出必须将公共交通纳入公共财政体系。

中国优先发展公共交通的政策与近年来国际流行的TOD(Transit-Oriented Development)规划理念相吻合。TOD的含义是公共交通引导城市发展，它是一种新的城市规划理念，强调城市的发展应沿着主要公交线路展开，城市在公交站点周围进行高密度、多功能的开发，从而减少人们的交通出行需求，并使人们以公共交通作为日常交通工具，减少小汽车的使用，进而缓解城市所面临的环境污染、交通拥堵、高能源耗损和无序扩张等问题，使城市能够更健康、有序和可持续地发展。

TOD理念目前在国际范围内得到广泛的青睐，中国的规划师们也开始将这一理念应用于指导中国的城市发展。但总体来讲，目前在中国，人们对TOD的了解还不够普遍，TOD的实践也处于个别的、探索性的和初级的阶段。

本书的目的在于，通过对TOD理念及其在中国的实践进行比较详细的介绍和总结，使读者不仅能对TOD这一理念的基本要点有比较全面的认识，同时也对中国城市交通的发展状况，以及中国在TOD方面的实践有比较深入和全面的了解。在总结了国内外一些城市在交通发展方面的经验和教训的基础上，本书也对中国未来城市交通的发展，及进一步实施TOD提出建议，试图以此作为引介，促使城市发展的决策者、规划者以及普通居民对中国城市及交通的发展之路进行探讨，从而从体制、政策等方面进行改进，促进中国城市及城市交通的可持续发展。本书的具体内容安排是：

第一章为概念和背景。通过对TOD的概念及其起源、特点、设计要点等内容的介绍，使读者对TOD理念及其产生背景有比较系统、全面的认识。

第二章为实例分析。虽然TOD是一个比较新的概念，但是，以公共交通为导向进行城市开发的做法并不是新生事物，许多国家和城市已经在这方面有过多年的尝试，并积累了丰富的经验。这一部分共选择了国际上四个比较有代表性的城市进行详细的实例分析，使读者对公共交通引领城市发展的模式能够有更为直观的认识，并从中吸取宝贵的经验。

第三章主要介绍中国城市和城市交通的发展状况及其所面临的问题。

第四章着重探讨中国实施TOD的必要性，总结中国大容量公共交通体系的建设和发展情况，并对中国TOD发展的前景进行分析。

第五章为中国TOD实践的实例分析，主要介绍北京、上海、杭州、南京、深圳和广州几个城市在发展公共交通和实施TOD方面的实践及所遇到的问题。

第六章为分析与建议，着重分析了中国实施TOD模式所面临的障碍，并对在中国发展公共交通和实施TOD提出对策建议。

本书的第一章、第二章由江玉林、韩笋生、彭唬编写，第二章由韩笋生、严宁编写，第三章由彭唬、冯立光、李炎编写，第四章由郝记秀、吴洪洋、刘蕾蕾编写，第五章由冯立光、李炎、王永胜编写，第六章由江玉林、韩笋生编写。

本书可供城市交通可持续发展研究、城市规划、城市综合交通规划人员以及城市建设与管理者参考。

本书虽经多次修改，但由于水平有限，疏漏不妥之处在所难免，恳请同行和广大读者不吝赐教。

编　者

2009年8月

目　录

第1章　概念与背景

目前,TOD(Transit-Oriented Development,以公共交通为导向的城市发展)正在北美乃至世界范围内成为一种被推崇的城市发展模式。TOD可以说是一种城市发展理念和规划方法,其目的是为了更有效地使用城市土地和设施,并遏制城市的不断蔓延,使城市发展具有可持续性。TOD 的要点是:以公交线路为导向进行城市开发,在主要公交站点周围建设高密度的集居住、就业、商业、生活服务设施为一体的邻里社区,而这些邻里社区的居民可以通过步行或自行车,到达工作场所、服务场所及公共交通站点,该邻里社区通过公共交通与区域中各城镇相互连接,从而减少人们对私人小汽车的使用和依赖。TOD 理念产生于美国 20 世纪 90 年代,它主要是针对美国二次世界大战后城市郊区化产生的种种弊端所提出的。尽管 TOD 是针对美国的情况提出的,但是它所包含的理念正在被世界各国的城市规划师们所青睐并加以采用。这一部分将对 TOD 的基本概念及其产生背景等方面的内容进行详细的介绍。

1.1　TOD——以公交为导向的城市发展

1.1.1　TOD 的定义

TOD 最初由美国城市及建筑设计师彼得·卡尔索普(Peter Calthorpe)提出。他在1993年发表的名为《下一代美国大都市:生态、社区和美国梦》(The Next American Metropolis: Ecology, Community and the American Dream)一书中首先提出了TOD这一概念。该书是这样定义TOD的:

TOD是一个半径约2 000 ft(约600m)步行范围的社区,其中心部位是公交站点和主要商业中心。TOD集多样住宅、商店、办公楼、开放空间及其他公共设施为一体。TOD的整体环境要便于行走,在其社区居住和工作的人们可以很方便地通过步行、自行车、公共交通或汽车到达他们想要去的地方(图1-1)。

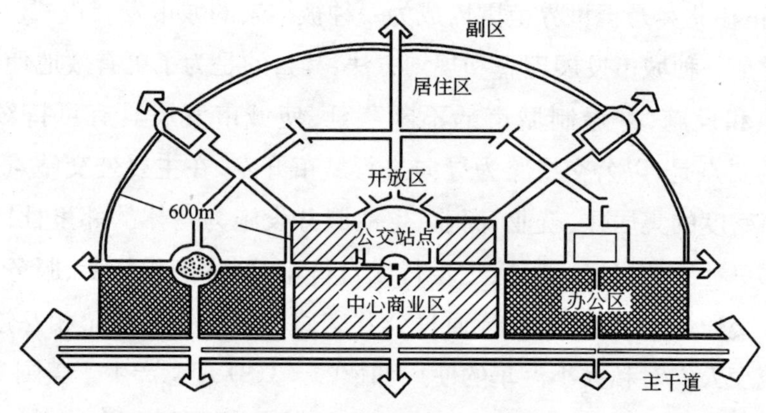

图1-1 TOD示意图

TOD与过去几十年美国所采用的单一区划城市发展模式不同。在一个TOD社区内,人们可以找到多种形式和档次的住房,它也提供多样服务设施和工作场所,人们在TOD社区内完全可以只通过步行或自行车就能满足日常生活需求,由于公交站点就在TOD的中心位置,因此人们也可以很方便地通过公共交通到其他想要去的地方,这样就大大地减少了对小汽车的依赖和使用。

汉克·迪特马(Hank Dittmar)和格劳瑞亚·奥兰德(Gloria Ohland)编辑的《新交通城——以公交为导向的城市发展最佳实践》(The New

Transit Town——Best Practice in Transit - Oriented Development)一书从另一个角度,即从影响和作用方面来定义 TOD,指出 TOD 项目需要达到五个目标:

(1)区位效益(location efficiency)。这里不仅地理位置适宜,公共交通方便,而且其高密度分布的生活、就业、服务设施以及良好的步行环境,使其成为人们向往的生活和工作之地。

(2)多样选择(rich mix of choices)。这里具有多种形式的住宅,而且良好的邻里设计使人们在步行范围内就可以满足多样生活及活动选择。

(3)溢价回收(value capture)。方便的公交设施使这里的投资者、居住者、经营者及地方政府都能得到良好的资金回报。

(4)使一个地方具有吸引力(place making)。一个生机勃勃的 TOD 社区吸引人们到那里居住、工作和娱乐。

(5)公交站点与社区相融合(resolving the tension between node versus place)。

1.1.2 TOD 的选址及设计要点

TOD 的选址没有特殊限制,它可以是在大都市的可重新开发地区,即在原来的旧城中,通过增添新的多样化服务设施、住宅和公交设施而使其重新兴旺起来的地区;也可以对现有城区的空置部分进行填充,加大使用密度,将其改造成 TOD;还可以在新开发区建设 TOD 社区。然而,不管是新开发还是城市改造,TOD 必须选在现有或已经规划好的主要公交线上。TOD 社区所含面积和范围的大小不需要一成不变,一般来说,十分钟的步行范围比较合适,但这也不是特定的,因为不同地点的具体情况(如气候特点、地理状况等)可能使适于行走的距离有所不同,所以社区范围的大小可以有所不同。

除了选址以外,TOD 的设计要点还包括:

(1)混合使用土地。所有的 TOD 都必须同时包含一定数量的公共设施、商业中心和住宅。一般来说,各种用地所占的比例大约为:公共设施为 5% ~15%;商业及其他可就业场所为 10% ~70%;住宅为 20% ~80%。这些用地的划分比例与具体一个 TOD 所在的位置有关,如果是邻里范围的 TOD,则住宅所占的比例较大,而城市中心的 TOD,商业及办公楼所占的比例则较高。

(2)多样住宅相混合。TOD 所提供的住宅应该包括从较低密度到高密度的多种形式的住宅,房屋的价格和档次应该有比较大的变化空间,并应同时包括用于出租的住房和屋主自住住房。美国传统的郊区住宅区密度通常为 5 ~6dua (dwelling units per residential acre,每英亩所含住宅单位),而 TOD 的平均最低密度为 10 ~25dua。其住宅形式主要包括小型独立式住房、排屋和多层公寓等。

(3)便于行走和使用自行车的街道。TOD 社区内的道路应该采用方格网状,其彼此互相相连并便于寻找,这些道路方便地通向公交车站及主要商业设施。道路周围的环境应该是对行人友善的,如具有良好的绿化、设立沿街小商店和连续的有盖人行道、限制沿街停车等。TOD 的主要设施之间,如公交站、商业中心、公园、学校和其他社区服务设施之间,还需提供自行车道。TOD 的交通网络要为人们创造一个对行走和骑自行车更安全和舒适的环境。较窄的车道和较低的车速可以减少车祸的发生。TOD 内的车速一般限制在 15mile/h(约 25km/h)以内,而道路的宽度一般为 8 ~10ft(约 2.5 ~3m)。

(4)方便的商业和公共设施。每一个 TOD 都应该包含一个主要商业中心,它应该与公交站点相毗邻,小型的商业中心应该包含零售店和社区服务机构,而大型商业中心还应包含超级市场、餐馆、娱乐设施和办公设施。TOD 还应为其居民和在那里工作的人员提供必要的公共空

间，如公园、小广场、绿地和公共建筑等，人们可以在这里聚会、娱乐，进一步体验社区的安逸和舒适。另外，TOD 还应该包括幼儿园、邮局、警察、消防和政府服务等基本服务设施。

1.1.3　TOD 的类型

卡尔索普在他 1993 年的著作中也提出了 TOD 的类型，按照 TOD 的位置、特点及其作用的不同，他把 TOD 化分为两种类型，即"城市 TOD"（Urban TOD）和"邻里 TOD"（Neighborhood TOD）。

"城市 TOD"是指实施 TOD 的地区位于区域公共交通网络主干线上，例如：轻轨站点或者换乘枢纽，也可以在商业密度或者居住密度比较高的地区，这种地区具有很高的土地开发密度，规模较大，空间尺度一般以步行 10min 的距离或 600m 的半径为限。

"邻里 TOD"不是位于区域主干线上，而是位于距轻轨车站或换乘站 10min 公交路程的交通网络支线上，通过公交支线与主干线相连。"社区 TOD"以提供多样化的居住为主，具有较高的居住密度，并向邻近居民提供娱乐、服务以及市政公用设施等社区服务。

在整体上，城市空间由许多 TOD 单元所组成，其空间布局与结构，如图 1-2所示。美国檀香山交通与公共交通发展计划中，将 TOD 按照地域位置划分为七个类别，见表 1-1。

TOD 主要类型　　表 1-1

类　型	主要特征
城市中心 （Urban-Downtown）	城市中心和文化中心； 多条公交线路和换乘点
城市邻里 （Urban Neighborhood）	密度由中等向高级过渡； 城市中心道路系统的延伸； 商业位于中心街道两侧； 主要的道路节点； 能够支付得起的房屋； 高质量的步行活动空间； 有时是重要的毗邻城市中心的历史街区

续上表

类　型	主要特征
区域城市中心 (Regional Town Center)	具有充足汽车通道的购物中心; 需要细致的连接道路; 土地利用多样性
郊区邻里 (Suburban Neighborhood)	高密度开发及重新设计; 集中很多通勤者; 存在一些零售、商业中心,但规模有限
邻里交通通道 (Neighborhood Transit Zone)	很多的居住人口; 有限的商业零售和办公用地
通勤城市 (Commuter Town)	独立的,具有到城市中心的通勤服务; 车站周边是主要的街区,有零售、办公和居住分布; 支持高峰小时的交通服务,但是需要考虑停车
大学中心 (University Center)	良好的步行和自行车环境; 需要步行系统和往返连接的公共汽车,便捷连接学生活动中心、运动中心和图书馆

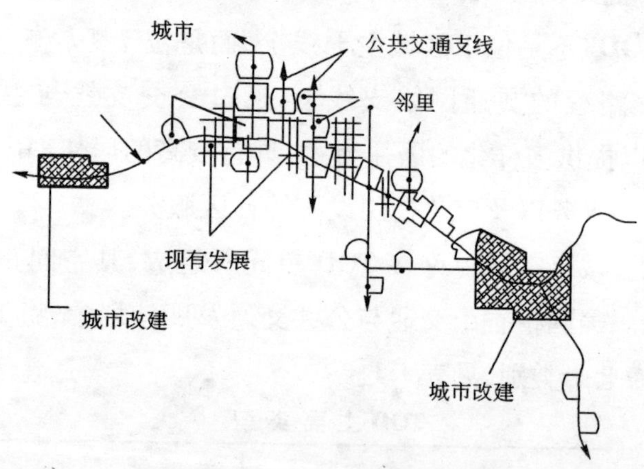

图 1-2　基于 TOD 的城市空间结构

1.1.4　微观 TOD 和宏观 TOD

微观 TOD 就是前面讲到的,社区、邻里范畴内的 TOD,它除了坐落于公交站周围外,还具有 3D(Density, Diversity and Design)的特点,即高密度、多样化和优质设计。较高密度的开发是 TOD 所强调的,土地的高密度使用可以有效地克服低密度开发所带来的城市不断蔓延

的弊端，同时高密度的发展可以大大地提高公共交通的使用率，使城市公交体系可以良性运作；多样化包括土地的多样化混合使用及多样化的住宅形式。土地的多样化使用有很多好处，首先，它可以减少人们对机动车的依赖和使用，人们可以通过步行或自行车往返于住所、工作地、学校和其他服务设施之间。另外，它可以节约土地，白天的停车场可以作为傍晚人们举行活动的场所，道路用地也同样可以减少。再有，它有利于建设平衡的社区，防止“卧城”社区，并可以使整个生活和工作环境更为多样化、安全和充满情趣。而多样化的住宅形式可以满足各种不同的需求，同时也可以形成更丰富多彩和更平衡的社区，它也可以避免形成富人区或穷人区，有利于社会和谐。优质设计是指高质量的城市设计和建筑设计。高质量的城市及建筑设计主要有几个方面的含义，首先是建筑物、城市空间环境以及城市本身设计的精细和优美，人们身处其中，可以有舒适和美的享受；第二，城市设计要以人为本，一切以方便居民的生活为出发点；第三，建筑及城市设计必须具有自己地方的特色和特点，没有自身特点的建筑和城市设计，即使是豪华的、造价昂贵的，也仍然是拙劣的、低质量的。此外，在城市设计中还要特别注重保护和保留具有地方特色的旧建筑及文化遗址，因为旧建筑和文化遗址可以提升城市的品质和韵味。高质量的设计为人们创造方便舒适和高品质的生活，这一点是 TOD 非常强调的。

宏观 TOD 是指城市或区域范畴内的 TOD，它是指在城市或区域范围内，由众多 TOD 邻里社区组成，并由公共交通相互联结的、大的城市及区域网络。TOD 理念在学术界最早期的倡导者及研究学者，美国加州大学伯克利分校的罗伯特·斯韦罗（Robert Cervero）教授指出，一个按照 TOD 模式发展的城市或区域，其城市及交通体系是由众多节点和联结这些节点的走廊组成的，它像一根项链，TOD 是项链上的珠子，而公交线路就是串联这些珠子的线。

美国过去几十年所形成的城市及区域发展模式是:单一功能区划、高密度开发的市中心区(Down Town)、与市中心相联结的高速公路网,以及不断扩展的郊区;而TOD所提出的沿公交走廊进行节点式高密度、多功能综合开发的模式是一种与上述模式完全不同的城市发展模式。

《新交通城——以公交为导向的城市发展最佳实践》(The New Transit Town——Best Practice in Transit-Oriented Development)一书中对TOD有如下一段描述,它让我们看到一个在宏观上和微观上都真正实现了TOD发展模式的城市或区域之景象。

设想一个城市或区域是由这样一些令人向往的邻里社区所组成的网络:在这里,各种不同收入、不同年龄和不同背景的人和谐地生活在同一社区中;在这里,你可以通过步行,方便地去附近的商店购物,而学校则近在咫尺;在这里,街道安全整洁,让你愿意放弃开车而改为步行;在这里,随处可见的公园和公共空间,设计优美,像是随时在邀请你投入其中;在这里,你可以乘火车或公共汽车去到任何你想要去的地方,就像自己开车一样方便;在这里,你的工作地和各种娱乐设施都在你的住家附近,你可以在上班的中途回家吃一顿午饭,或在下班后转身去看一场电影;就算你的工作地是在比较远的地方,你也可以很方便地通过高质量和便捷的公共交通随时前往你的目的地。

1.2 TOD产生的背景

虽然TOD的概念是在20世纪90年代才提出的,但TOD所倡导的城市发展模式却是城市发展最早期和最传统的模式。TOD理念实际上不是一个创新,而在很大程度上来说是复古。从美国的情况看,20世纪80年代后,其低密度和郊区化的城市发展模式在经历了辉煌发展的时

期后，已经开始越来越显现出种种弊端，比如城市无序蔓延、道路拥堵、环境污染以及人们缺乏社区归属感等，这就使人们开始向往美国在20世纪20年代之前所具有的那种传统城市模式，如良好的邻里社区、方便的公共交通等。而TOD就是美国城市发展现状与美国传统城市发展模式相结合的产物。了解美国城市交通发展的过程，不仅可以更清楚地了解TOD所产生的背景，同时对中国城市和交通的发展和决策也有一定的借鉴作用。

1.2.1　美国城市交通的发展过程

美国20世纪初期的城市发展主要受到电动公交车(street car)发展的影响。当时，由于电动公交车线路从市区延伸到了郊区，因而引发人们向郊区迁移。在此之前，美国的城市中心密度非常高。工厂、商店、住宅区紧密地连在一起，城市极度污染、拥挤。大多数美国人那时都必须居住在其工作地点附近，因为他们的行动范围只能限制在步行、自行车和马车所能达到的范围。1887年，随着第一条电动公交车(electric trolly)线的开通，大批中产阶级开始逃离市中心，而向郊区迁移。电动公交车线路的开通极大地带动了城市的发展，它也使美国人的生活方式有了改变，因为人们不需要一定居住在工作地点附近，而可以通过公交车往返于住所与工作地点。公交因而成为美国城市以及人们生活的重要组成部分。

20世纪20年代后期，随着汽车工业开始兴起，公共交通的发展开始走下坡路。特别是二次世界大战后，汽车的销量大为增加，同时郊区的独立式住房也开始蓬勃发展起来，这主要有以下几条原因：①政府资助房屋贷款；②郊区土地廉价；③1956年联邦议会通过高速公路建设法案。高速公路建设这项最为昂贵的公共项目投资，大大地阻碍了大型公交系统的发展。到20世纪50年代末和60年代初，那些由私人拥有的公交企业已经走到了瘫痪的边缘。1950 年时,只有 28% 的公共交通企业为公有,而到 1970 年,这一数字已经增长为 70%。1970 年,公交业的年运营赤字已经达到 3 亿美元,而在此四年前,却仍有许多公交公司是盈利的。1964 年,美国的《城市公共交通法案》(Urban Mass Transportation Action)第一次提出为公共交通的发展提供持续的资金援助。尽管随后美国各级政府在公共交通上的投资又有了许多增加,但公共交通业的发展仍然没有起色。其原因可以归结为三条:第一,城市蔓延。工作场所快速移向郊区,使得原有公共交通系统失去市场;第二,相对私人汽车来说,公共交通价格偏高。1980 ~ 1990 年间,由于世界油价降低,以及燃油使用效率的大幅度提高,平均每英里的驾车费用降低了 45%,而与此同时,乘坐公共交通的费用却随着物价上涨而不断上涨;第三,人们越来越习惯于使用小汽车的生活方式。

1.2.2 以小汽车为导向的城市发展模式所产生的问题和弊端

美国城市的发展在二次世界大战后是以私人汽车的使用为导向(Auto Oriented Development)的,而对于汽车的过度依赖和使用,各种弊端越来越显现出来,它们主要表现在以下几个方面:

1)交通拥堵

随着汽车的大量使用和郊区的不断发展,城市及郊区的交通拥堵情况越来越严重。交通拥堵所带来的社会成本虽然难于用数字来衡量,但是其对时间和能源是很大的浪费,同时,交通拥堵还会带来进一步的环境污染,增加车祸数量,以及降低人们的总体生活质量。有人对交通拥堵所带来的社会成本进行了一个大致估价,每年美国高速公路拥堵所造成的社会成本大约为 730 亿美元。然而,新公路的修建并不能解决交通拥堵问题,新建公路往往只能暂时减缓交通的拥堵情况,因为新公路往往诱导人们选择新的出行线路,从而引发新的拥堵,这就是规划师们所说的“诱导需求(induced demand)”。因此,修建新公路并不是缓解交通拥堵的有效办法。

2)环境污染和资源消耗

大量汽车所排出的尾气使得空气的能见度下降,危害农作物和污染建筑物,同时,它严重威胁人们的身体健康。在美国,空气污染很大程度上是来源于汽车的使用,而每年由于汽车使用所导致的空气污染所造成的损失约为100亿美元。因为交通拥堵时汽车行驶缓慢,这时所排放出的气体更具污染性,因而所造成的空气污染就更为严重。

除了空气污染以外,汽车的大量使用也造成其他环境污染,如噪声、加剧温室效应等,而由于道路和停车场需要占用大量土地,也同时造成土地资源的浪费。另外,汽车使用的废弃物,如旧轮胎等,也对环境产生危害。

在美国,2/3的汽油为汽车所消耗,而世界石油资源正在被一天天耗尽,长期依赖于汽车将严重影响到城市的可持续发展。

3)社会均等性受到威胁

对汽车的依赖也造成许多社会问题。一个过于依赖私人汽车的社会,人与人之间、人与外界环境之间相隔离,造成人们的寂寞和缺乏社区归宿感。而那些因为经济条件差而买不起车,或者因为太老、太年轻或有身体残疾不能开车的人,其活动范围被大大地限制了,他们因而失去了许多机会去享受他们本应可以享受的社会服务设施;没有汽车,也限制了他们外出工作的机会,其结果就是造成社会的不均等和分割,如形成富人和穷人聚居地等,造成很多社会问题。

4)生活质量受到影响

人们早期从市中心迁移到郊区是为了逃避市中心的拥挤和杂乱,而随着汽车大量的使用和郊区的发展,原来市中心的问题也逐渐在郊区出现了,正如上面所说,人们每天需要夹杂在拥堵的车队中缓缓前行,并呼吸着汽车所排放的大量尾气。另外一个非常重要的问题是，随着城市的不断扩展，相对比较中心和方便的地区房价变得越来越高，使很多人支付不起，因此人们只好去更远的地方买比较廉价的房子，这就造成了城市的无限蔓延。目前美国人每天上下班来回开车3～4h是非常常见的，人们在交通上花费了过多时间。城市的不断扩展，造成人们驾车的距离越来越长。研究显示，就全美范围而言，城市土地每扩充1%，则全年平均小汽车运行公里数增加1.25%，相反，如果在现有城市范围内每增加建筑密度一倍，年平均小汽车运行公里数可以降低30%～40%。可见，建设高密度邻里社区可以控制城市蔓延和减少小汽车的使用。

1.2.3　TOD产生的背景

从以上分析可以看出，美国在二次世界大战后以汽车为导向的城市发展模式而引发种种问题，它使城市呈现一种病态。对汽车的过分依赖使城市以低密度、无序蔓延的形式不断向郊区扩展；而单一功能土地使用模式排斥城市中高密度及小尺度社区，使城市单调，缺乏多样性；这种以私人汽车为主导的发展模式也导致公共交通严重衰退，使人们陷入离开私人汽车就寸步难行的境况；由于越来越多的人生活在郊区，蔓延式增长的结果也使人们必须花越来越多的时间在上下班的路上，生活质量受到很大影响；郊区化也使得原有市中心衰落，造成许多社会问题；而汽车的大量使用，又使得能源和环境问题变得非常严峻，城市拥堵问题也难于克服。因此，以新城市主义（New Urbanism）者为代表的美国城市规划师和建筑师们开始寻找更为完美和更可持续的城市发展模式，他们试图借鉴美国传统城市发展模式，使城市回归于过去那种更充满人情味的、以步行和公共交通为主要交通方式、以社区为单元的模式。TOD也正是在这种背景下产生的。

1.2.4　新城市主义与TOD

新城市主义是美国在城市设计方面掀起的一场运动，它兴起于20

世纪80年代,主要针对二次世界大战后美国低密度郊区化发展所带来的城市蔓延和交通拥堵等问题。

1993年,卡尔索普(Calthorpe)、端尼(Duany)、摩尔(Moule)、普雷特－兹伯克(Plater-Zyberk)、保利卒德斯(Polyzoides)和所罗门(Solomon)成立了以芝加哥为基地的新城市主义协会(Congress for the New Urbanism, 或 CNU)。目前,CNU已经有会员2 000多人,成为在世界范围内推广新城市主义设计理念的主要组织。CNU在它的新城市主义宪章(Charter of the New Urbanism)中这样指出:

我们希望通过重新修正公共政策和改变开发模式来体现这样一种原则:邻里设计应该使得土地使用功能和人口组成具有多样性;社区的设计和建设不仅应当方便小汽车的使用,更应方便人们步行和使用公共交通;城镇的实体形态由其开放的公共空间和社区组织形态所决定;作为表现城市整体框架的建筑和园林设计要体现地方的历史、气候、生态和建筑特色。

新城市主义崇尚传统的邻里模式,认为将现代观念与传统模式相结合才可以重造功能良好和可持续发展的社区和城市。

新城市主义的中心点是如何设计良好的邻里社区。CNU创建人普雷特－兹伯克(Plater－Zyberk)和端尼(Duany)夫妇提出了城市邻里设计所应包含的要点,它主要包含以下内容:

(1)邻里社区要有一个明确的社区中心,它可以是一个广场、一块绿地,或是一个值得留恋的街角,公共交通需要在这里设有站点。

(2)大多数住宅应该在距离该中心5min步行范围内。

(3)住宅的形式应该是多样化的,这通常包括独立式住房、排屋和公寓,因此,不管是青年人还是老年人,单身人士还是家庭,穷人还是富人都可以在这里找到适宜的住房。

(4)邻里社区的边缘应该设有商店和其他服务设施,以满足人们日常生活的需要。

(5)附近要有一所小学,以便所有的儿童都可以步行去上学。每户住家0.1mile的范围内都应该设立一处儿童游乐场。

(6)社区内的街道连续且四通八达,道路相对较窄,路旁绿树遮荫,这将减慢车辆行驶速度,创造有利行走和使用自行车的环境。

(7)停车场一般设在建筑物背后,而不设在沿街处。

(8)在街道末端或邻里中心设立特定场地,用以方便人们举行聚会,以及进行宗教和文化活动。

为使新城市主义的理念具体化,新城市主义者们提出了各种不同的实施方案,其中最具代表性的是传统邻里设计(Traditional Neighbourhood Design 或 TND)和以公交为导向的城市发展(Transit Oriented Development 或 TOD)。

传统邻里设计(TND)由 CNU 创建人普雷特 - 兹伯克(Plater-Zyberk)和端尼(Duany)夫妇提出。除了体现新城市主义社区设计的要点外,TND 特别注重在邻里设计方面采用传统的古典式建筑风格,并讲究建筑和邻里设计的精美和高质量。即使是对于廉价住房,他们也同样强调其设计和建造的精细和美感。在 TND 社区,人们很难通过外观来分辨哪一座是廉价住房,哪一座是高档住房。TND 高质量的城市及建筑设计为美国城市规划及建筑业带来重要影响。

正如前面所提到的,TOD 由另一位 CNU 创建人卡尔索普(Calthorpe)提出。作为一个城市规划师,卡尔索普深知交通形态对于区域及城市结构形态的重要性,他着重于寻找替代私人汽车的交通模式,认为应当由公共交通引领城市及区域的发展,即城市沿着公交线路进行节点式的高密度发展,从而控制城市蔓延及减少汽车使用。TOD 注重城市的健康和可持续发展,目前已在北美乃至世界范围内产生广泛影响。

TOD 是新城市主义理念的一项具体实践。

1.2.5　TOD 在美国的实践

从 TOD 的最初提出到现在，已经有十几年的时间了。目前，遍及美国的许多城市和区域都正在尝试在其公交站周围推广 TOD 模式，大量的开发项目已经或正在建成。它们使得那些公交站边缘的社区公共交通的使用率大大提高，汽车使用率减少。有一些很成功的例子，比如位于沃基尼亚（Virginia）阿灵顿县（Arlington County）的儒斯林——保斯顿（Rosslyn——Ballston）商业走廊就是一个沿着铁路线对原有商业街进行重新开发的例子。该商业街在郊区化过程中已经走到即将崩溃的边缘，但是通过增建和改造商业设施、写字楼及住宅，进行多功能、高密度的开发，该商业走廊逐渐成为美国最为繁华和充满生机的地方之一，目前这里的公共交通使用率非常高，虽然近些年这里因快速发展而使人口激增，但是道路拥堵的情况并没有发生。

罗伯特·丹菲（Robert Dunphy）等人在其所著的《在公交站周围发展》（Development Around Transit）一书中，总结了现有 TOD 项目建设的一些经验，这主要包括：

（1）对所建设项目要事先有比较周全的设想。也就是说，在进行项目的具体设计和建设之前，要对项目的未来有清楚的认识，包括它对社区以及对当地经济、政治及环境的影响等，这一设想不仅要面向未来又要基于当地的实际情况。项目所涉及的各方，包括居民、业主、公交机构、地方政府的有关部门等，都需要参与。

（2）公共部门与私人机构联合开发。不同于以往的单一建设项目开发，TOD 的开发牵涉到交通、商业、住宅等多个层面，因而需要采取联合开发的模式。所谓联合开发就是公共部门与私人机构相互联合共同进行 TOD 开发。这里，公共交通机构往往是 TOD 项目的领头者及主要参与者,因为TOD所占据的土地是由公交机构所拥有的车站周围的土地;地方政府的主要职责是确定TOD项目的规划方案及监督方案的实施,并且投资建造必要的公共设施;开发商和投资者则是TOD项目资金的主要提供者,开发商负责项目的建造、资金流动,并最终为投资者提供回报。

(3)停车场大小的设定要恰到好处。公交站周围的停车场不可以太大,因为那样将破坏步行环境,同时,由于停车场占据大片土地,使得用于开发住宅、办公楼和商业建筑等项目的空间减少,因而不利于提高公交使用率。但是,停车场也不可以设得太小,因为目前人们相对更习惯使用汽车,停车场太小会带来不便,并可能造成在附近居民区乱停车的现象。

(4)要使项目且有吸引力,主要依靠车站周围的商业而不是车站本身。只有商业的兴隆才能使TOD充满活力,车站周围必须有一些繁忙和成功的商店作支撑。

(5)混合开发,但不一定在同一地点的项目中包含所有功能。具体项目所包含的功能可能有所不同,特别是那些几个连接很近的车站,可以各自有自己的功能,比如一个车站周围是住宅,一个车站周围是办公楼,而另一个车站周围是商业区。

虽然美国现在已经有了许多成功开发TOD的例子,但是就目前的TOD项目来看,负责开发的政府及私人机构更注重的是沿公交线开发所带来的经济效益回报,而参与项目的各方对项目的设想及要求往往各持己见,这造成TOD项目建设的复杂性。比如,习惯于低密度开发和使用小汽车的开发商希望在车站和商业服务设施周围设立更多的停车场;而公交公司可能更在意其租赁出的土地所能得到的回报。正因为如此,TOD的理念往往不能在这些项目中得到充分体现,美国现有的TOD项目都存在各种各样的缺陷,被称为是与公交相关联的城市开发(Transit

Related Development)，而不是以公交为导向的城市开发。

TOD 所提出的城市发展模式，不仅会对城市形态带来很大改变，同时也会带来人们生活方式的很大转变。虽然越来越多的人，特别是年轻专业人士、丁克家庭(DINK—double income no kids，双收入无子女家庭)及老年人愿意居住在 TOD 这样的高密度住宅区并使用公共交通，但对于很多美国人来说，这种生活方式的转变还需要一个过程。参与建设 TOD 的公共机构及私人开发商也需要时间和不断实践去摸索和探讨，并需要政府在政策及资金上的支持。

美国各级政府越来越注意到原有城市发展模式的种种弊端，并接受新城市主义的理念，提出精明增长(smart growth)的口号。精明增长是指通过有效的管理和采用正确的原则，使得发展更健康和更具有可持续性。美国联邦交通立法会(Federal transportation legislation)已经从 20 世纪 90 年代起，将政府主要投资从高速公路、私人汽车逐渐转向公共交通及行人和自行车设施的建设，特别是加强大型公共交通系统的建设。TOD 作为一种可持续发展的模式，已经得到各级政府的支持。除此之外，开发商及普通城市居民也都开始越来越意识到 TOD 是一种非常有前途的发展模式，而予以支持。

TOD 所倡导的是一种可持续发展的、充满活力的城市发展模式，它已被越来越多的美国人所接受，并正在成为美国城市发展的一种趋势。

1.3 TOD 对中国城市及交通发展的意义

虽然 TOD 是针对美国城市发展的具体情况提出的，从表面来看，中国国情与美国截然不同，针对美国国情提出的 TOD 似乎与中国没什么关系。但是，仔细分析就会发现 TOD 所提出的理念对于中国的城市规划、交通发展都具有非常有价值的指导意义。其指导意义可以体现在以下几个方面：

(1)发展公共交通是保证城市可持续发展的重要环节。以公共交通为导向的城市发展可以大大减少能源消耗和环境污染，并克服城市交通拥堵的弊端。中国人均可使用土地面积很少，如果过度发展私人汽车将会使越来越多的可使用土地被公路所占据，且交通拥堵和环境污染情况将会日益严重。公共交通相对于私人小汽车来说，其对土地和能源的使用都更为高效，实施以公交为导向的发展方针是保证中国城市健康、可持续发展的必要条件。

(2)节点加走廊式的城市开发有助于改变中国目前摊大饼式的城市无序蔓延的发展方式。中国目前的城市土地利用规划与城市交通规划不协调，城市发展大多呈摊大饼式的无序蔓延状况，造成人们出行距离不断增加，交通拥堵情况日益严重。沿公交走廊进行节点加走廊式的开发可使城市发展更为有序，防止蔓延，并促使人们更多地使用公共交通，减轻道路负荷，减缓城市交通日益拥堵的情况。

(3)城市土地多功能综合开发将使城市发展更为平衡，人们生活更为方便。综合土地开发可使同一社区内包含居住、商业服务设施、就业岗位等多种功能，减少人们的出行需求，这不仅可以提高人们的生活质量，而且也有助于改变交通拥堵和环境污染的局面。

(4)在公交线站点周围进行高密度开发可方便人们使用公共交通，减少道路拥挤。将住宅、办公及商业设施高密度地分布于公交站周围，将使更多的人选择公共交通，这样一方面促进公共交通的有效使用和良性运作，同时也可减少人们对私人汽车的依赖，城市道路交通量以及温室气体的排放也将随之减少。

(5)重视步行及自行车设施建设，使步行和使用自行车更为安全和舒适。良好的步行和自行车使用设施，可使人们更加享受步行及自行车所带来的乐趣和好处，减少对机动车交通的需求。

(6)在同一社区内建设多种规格和档次的住宅,使城市人口分布更为平衡,社会更为和谐。在同一社区内建设不同规格和档次的住宅可避免富人区或穷人区,及避免特殊社区群体的聚居,有利于社会的和谐和稳定。

TOD 的产生缘由是美国城市低密度、郊区化的发展模式,使人们越来越依赖于私人汽车的使用,并造成城市交通拥堵、环境污染以及城市的不断蔓延。相对于美国,中国城市人口稠密,不存在美国那样的低密度居住模式。然而,正如前面所讨论的那样,TOD 所倡导的有关城市规划方面的理念,同样适宜于中国国情。在中国推广 TOD,目的不在于提高城市的密度,而是如何使城市的空间扩展更有机地同城市交通,特别是公共交通的发展结合起来,使城市发展更为有序和可持续。因此,我们有必要根据中国国情,对 TOD 概念就中国的具体情况做一些修正,也就是对中国式 TOD 的含义有一个明确的定义。

总体来说,中国式的 TOD 应该具有以下几个方面的含义:

(1)确定最为合理、高效的城市交通(特别是轨道交通等大容量公共交通)路线及走向,并使其成为城市发展的导向。提供高质量的公交服务,即方便、快捷、准点、舒适、票价合理。

(2)在大容量公共交通线路站点周围进行高密度、多功能的综合开发,使人们可以在步行范围内满足居住及其他主要生活需求,乃至就业需求,并方便使用公共交通。

(3)主要商业区和就业岗位集中的区域,要坐落于大容量公交线路站点步行范围内,或由有效的接驳巴士线路(Feeder Lines)与大容量公交线路相连接。

(4)在居住区配备完善的日常生活服务设施,如商店、学校、托儿所、诊所、娱乐设施等。对于不在大容量公交站点步行范围的居住区,要建设良好的、连接住宅区与大容量轨道交通站点的自行车专用道路,提供方便、安全的自行车存车设施；以及提供高质量的接驳巴士线路，由此实现住宅区与大容量公交线路的有效接驳。

按照上述做法，中国城市的发展将走上更为有序和可持续之路，人们日常的小汽车出行量将大为减少，公共交通将成为人们日常交通的首选，城市交通拥堵、环境污染等问题也将可以随之缓解。

第2章 以公交为导向而发展的国际大都市实例分析

TOD这一专用名词产生于20世纪90年代，但是，以公交来引导城市发展的做法在国际上已经有了相当长的实践历史，并有一些非常成功的例子。比如斯德哥尔摩、哥本哈根、新加坡、东京、香港、苏黎世、慕尼黑、库里蒂巴等。

目前，全球正面临着私人汽车不断增加而带来的挑战，特别是发展中国家，近年来汽车数量的增加尤其可观。然而，正如前一部分所提到的，私人汽车的大量使用，带来种种问题，如交通拥堵、环境污染、能源消耗激增、社会分化以及交通事故造成死亡和残疾。一个城市如果过于依赖私人汽车，其发展就不具有可持续性，而发展和优化公共交通则是克服这一弊端的良方。这一部分将通过新加坡、斯德哥尔摩、东京以及库里蒂巴等几个城市的成功实例，来了解这些城市如何依靠合理的城市及交通规划，并通过积极发展公共交通和限制私人汽车，使公交成为城市交通的主体，从而形成城市发展以公共交通为导向的局面。

事实证明，通过制订合理的城市及交通规划，并实施有效的政策来限制私人汽车和发展公共交通，建设以公共交通为主导的、充满活力的、可持续发展的城市是完全有可能的，下面所介绍的几个实例就说明了这一点。

2.1 新加坡——合理规划、严格管理及完善公交设施

新加坡是一个城市国家，国土面积约 700km²，共有人口 459 万(Statistics Singapore, July 2007)，是一个非常高密度发展的城市，其人口密度约为 6 400 人/ km²。新加坡政府一直以来都对城市的交通状况非常重视，良好的城市交通被认为是新加坡吸引投资、贸易及游人的重要方面。新加坡通过对土地、新城与城市交通的和谐统一规划，使城市的各个活动中心通过公交网络连接起来，新加坡政府也采取有效措施提高公共交通服务质量，并通过对道路使用需求管理来限制私人汽车的使用，从而使公交成为人们日常出行的主要交通选择，而整个城市的发展也形成了以公交为主导的局面。

2.1.1 和谐统一的土地、新城及交通规划

新加坡城市规划方案的设定和实施是一个从上而下的、高度集中的过程，其得力的规划体系在过去几十年中成功地引导着城市的发展。

1967 ~ 1971 年间，也就是新加坡从马来西亚独立出来之后不久，新加坡政府将学生送往国外著名学府进行培训，并在他们学成之后与联合国发展机构(UNDP)派遣的专家一起，投入了著名的新加坡城市规划项目 SCP (Singapore City Planning project)。该项目在 1971 年推出了新加坡的第一个概念规划(the Concept Plan)。这一概念规划提出了新加坡城市规划最重要和最基本的原则，那就是土地利用和交通规划必须始终是一个统一的综合体。SCP 也设定了新加坡的整体形式，如中央商业区、新城、工业园以及城市公交系统，并提出了在新加坡建立大容量快速公交系统(MRT)的设想。

如今，同许多欧美国家一样，新加坡设有中央商业区，它是各主要银

行、大型机构总部的所在地,也是宾馆、高档商业中心的聚集地,是新加坡最为繁华的地区。设在中央商业区外围的 24 个新城(new towns),是新加坡居民的主要居住地。这些新城多由高密度开发的高层住宅楼群所组成,这些住宅楼群以政府组屋为主,但也包含一些高密度和低密度的私人住宅。在新城的中心地带设有商业中心、餐饮中心和自由市场,并设有中小学、诊所和其他娱乐及服务设施,各居民楼与主要设施及公交站之间都由可以遮雨挡阳的有盖步行走廊相连。而新加坡 MRT 于 1987 年正式开始运行,它成为新加坡交通的脊梁。

新加坡的交通系统以为人们提供高质量的交通服务为宗旨,大多数的新城与 MRT 线相毗邻,且 MRT 车站位于新城的中心位置。轨道交通及巴士将新城与新城之间,以及新城与中央商业区及工业园之间相互连接起来。在新加坡,所有的居住区、商业区、工业区都临近公共交通站点,人们在步行范围内都可以找到公交站。新加坡整个城市的发展正如 TOD 理念所设想的那样,它是一条项链,其诸多高密度、多功能开发的新城,以及商业区、工业园是项链上的各式各样的珠子,这些珠子由公共交通系统这条链子联系起来,形成了一个有效运转的公交城。

在 MRT 站点周围进行高密度开发是新加坡城市发展的特点。然而,当第一条 MRT 线建成时,由于当时新加坡的陆路交通管理和规划由不同的部门负责,责任分散,所以并没有注重对站点周围的高密度开发,那时 MRT 与巴士连接设施以及站点周围的行人设施也很不完善 。1995 年,新加坡将若干与交通有关的政府部门合并统一为新加坡陆路交通管理局(Land Transport Authority,简称 LTA),负责统一规划和管理城市交通。LTA 以为新加坡提供世界级的城市交通系统为宗旨,并设定了对 MRT 站点周围的土地进行高密度的集住宅、工业、商业等多功能的综合开发目标,新加坡从而逐渐形成了在轨道交通站点周围高密度、多功能开发的局面。

新加坡以公共交通为纽带的良好城市格局,引导了人们选择公共交通作为出行工具的取向,而这种取向又使人们将公交站点,特别是轨道交通站点作为自己居住、工作和购物的首选地点,因而进一步带动了站点周围的开发和地价上涨,整个城市的发展也逐渐形成了以公交为导向的局面。

2.1.2 巴士优先——路网容量最大化

新加坡现有道路网 3 100km,涵盖 12% 的国土面积。由于新加坡的国土有限,单从新道路开发方面很难满足人们日益增长的交通需求,因此如何在不增加道路的情况下,尽可能增加交通容量是新加坡政府所更为关注的。其所采取的一项主要的措施是实行巴士优先。

新加坡在巴士优先方面主要采取了几项措施。其一是设立巴士专线,只有巴士和高容量车辆可以使用巴士专线,这样可以保证巴士不被其他拥堵车辆所干扰,提高巴士运行速度;其二是采用 B 信号给予巴士离开车站的优先权;其三是在某些路段设立路标,要求其他车辆必须为正在离站的巴士让路。有研究显示,巴士离站所占用的时间是其全部行程时间的 10%,因此保证巴士在出站时不耽搁,可以有效地增加巴士的运行效率。

巴士优先可以有效增加巴士的运行速度,从而增加公共交通的吸引力,促使更多的居民选择公共交通作为出行交通工具。

2.1.3 限制私人汽车的使用

在 1992 年新加坡的国庆庆典上,当时的新加坡总理吴作栋指出:"我们的道路系统就像我们的血液循环系统,它将血液输送到我们的每一个器官。而我们的汽车就像血液里的胆固醇,如果胆固醇适量,它将有利于我们的身体运作,但如果太多则会使我们的血液循环系统产生故障。"其前交通部长也曾经指出,不可能让汽车数量无限制地增加,也不

可能通过新建公路来容纳不断增加的汽车，那将使全部城市都变成公路。新加坡政府一直想尽办法，让人们放弃使用私人汽车而使用公共交通。诚然，私人汽车的快速、方便和舒适使其与公共交通相比具有绝对的优越性，因此，如果没有限制私人汽车使用的强行手段，很难让许多人放弃私人汽车转而去使用公共交通。

从20世纪70年代开始，新加坡政府就开始采取措施限制私人汽车的使用，到目前为止，其最为著名的几项交通需求管理的措施为：区域牌照制度（the Area Licensing Scheme，简称 ALS）、拥车证制度（the Vehicle Quota Scheme，简称 VQS）以及电子道路收费系统（the Electronic Road Pricing System，简称 ERP）。

1）区域牌照制度

为减少交通拥堵，新加坡政府在1975年6月决定实施区域牌照制度（ALS）。该制度是在新加坡的中心区设置一个汽车行驶限制区，该区为新加坡最为繁忙的地区，含有众多的办公楼、商业中心、宾馆及餐馆。据1990年的统计，在该区域内工作的人超过30万以上，其总占地面积为725hm^2。该区域共有33个出入口，每一个出入口处都设有明显的标记。在交通限定的时间段内，人们若想要驾车进入该区必须使用预先买好的进入该区的牌照，除了救护车、消防车、警车及巴士以外，其他车辆进入该区都受到限定。实践证明，ALS是一项改善市中心区交通拥堵状况非常有效的措施，1991年的统计数据显示在早晨高峰期（07:30～10:15）进入该区的车辆从1975年的74 014辆降低为1991年的46 167辆，而特别需要注意的是，在这期间新加坡的汽车总数却总共增加了99.5%。ALT制度的实施也改变了人们的交通习惯，统计显示，1983年69%的人乘公交去中心区上班，而在1975年，这一数据仅为33%。

2）拥车证制度

虽然新加坡政府从20世纪70年代就开始对交通进行控制和管理，

然而到了20世纪80年代后期，汽车拥有率仍然增加过快，尽管政府大幅度调高了汽车进口税、车辆注册费及道路使用税，但却无济于事。因此，1990年，新加坡政府决定采用拥车证制度。所有人在购买新车时都需要以竞标的方式获得一份拥车证（Certificate of Entitlement，简称COE），每一份拥车证可延续使用十年。竞标活动每半个月举行一次，政府根据交通状况和道路容量对可推出的新车数量予以规定，欲购买汽车的人则给出其愿意出的拥车证标价，只有那些成功竞标的人才能拥有汽车。由于竞标激烈，一份拥车证的价格在20世纪90年代中期曾超过五万新元（新元兑人民币目前的汇率约为1:5）。拥车证制度有效地控制了新加坡汽车数量的过快增加，使得总体汽车数量完全在掌控之中，也完全在城市道路所能容纳的范围之内。

3）电子道路收费系统

尽管拥车证成功地限制了汽车的数量，但是却无法限制人们对汽车的使用。不管使用汽车多少，大家都付同样价钱的拥车证，这显然是不公平的。同时，汽车的拥有者因为已经付出了很高的价钱，因而往往加大汽车的使用量，使得汽车对道路的使用率非常高。因此新加坡政府在1998年采用了电子道路收费系统，试图通过控制人们对道路的使用来调整城市的交通需求，并希望在保证交通得到控制的前提下，逐渐增加拥车证的发放数量，以满足更多人的拥车梦想。

电子道路收费系统就是在主要道路上安装电子自动扫描系统，而每一辆汽车上也都装有一个阅卡器，并在阅卡器中装有一个事先充值的现金卡，汽车在自动扫描系统操作的时间段通过该路段时，自动扫描系统会通过车上的阅卡器，自动从现金卡中扣除所要缴付的费用，而所交付费用的多少由相关机构根据道路使用状况来进行调整，使用该段道路的车辆过多，则增加收费额，相反，则减少收费额。

实施证明，该措施是非常有效的。在电子道路收费系统采用的第一

个月,有关道路的交通量就减少了20%～24%。而相对过去采用的ALS制度,电子收费系统则更方便和省时,它将采用ALS时的平均车速30～35km/h提高到40～45km/h。

新加坡政府所采取的多重措施使开车出行成为奢侈,人们不得不压抑开车的欲望,转而改乘公共交通,而其舒适、便捷和价格低廉的公共交通可以满足每一个新加坡人的交通需求。

2.1.4 高质量的公共交通系统

在限制私人汽车的同时,新加坡特别注重其公共交通系统的建设。新加坡的公共交通服务主要包括快速轨道交通系统MRT(Mass Rapid Transit)、轻轨交通系统LRT(Light Rail Transit)(见图2-1)、巴士及出租汽车。其中MRT主要服务于最为繁忙的交通走廊;LRT作为接驳线,将MRT线路以外的居住区居民运送到MRT线上;巴士服务于较为不繁忙的交通走廊,并完成MRT～LRT形成的交通网络;出租汽车则为人们提

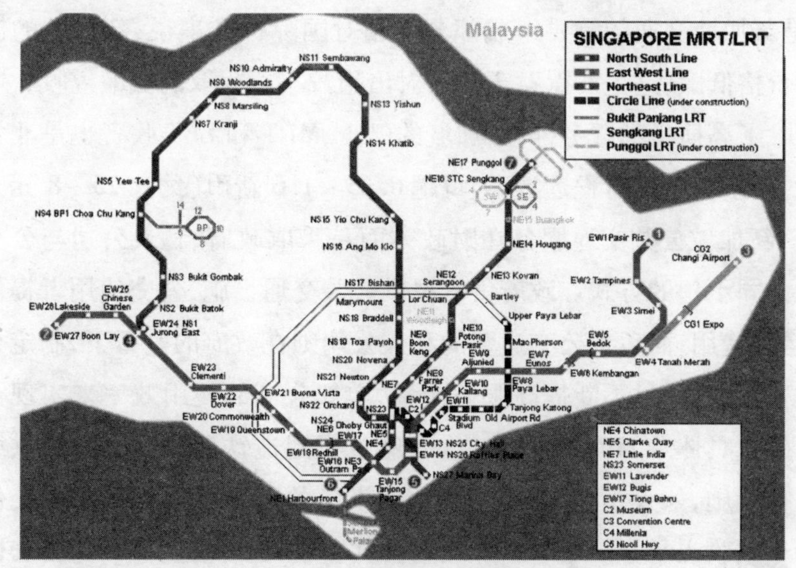

图2-1 新加坡新城及轨道交通线路示意图

供私人汽车式的交通选择。新加坡 MRT 是一个世界级的轨道交通系统,它于 1987 年开通。因为建设 MRT 是一项投资巨大的项目,在最后决定建设 MRT 之前,新加坡政府花费了 10 年时间,对于是否要建 MRT,广泛征求专家、居民的意见,并为此展开当时非常有名的大辩论。事实证明,建设 MRT 的最终决定是正确的。在 MRT 开通的第一年,它就吸引了每天 10 万人次的客流量,目前超过 60% 的新加坡人通过 MRT 出行。

在上下班的高峰时期,MRT 车辆间隔为 2 ~ 3min,而平时的车辆间隔为 5 ~ 7min,MRT 车站内设有多处 MRT 列车到达时间指示,方便人们安排时间。新加坡的 MRT、LRT 及巴士车票均采用统一的预先充值的易通卡,乘客在上下车时,将易通卡在车站出入口处或车门边上的阅卡器上自动扫描,因而使上下车的过程变得简单快捷。新加坡的巴士提供高水平的服务,巴士内安装有冷气和电视,巴士线路四通八达,几乎通往城市的每一个角落。新加坡的出租汽车作为私人汽车和公共交通的桥梁,是新加坡交通的重要组成部分。相对国际标准来说,新加坡的出租汽车价格低廉,这主要得益于政府对出租汽车所收取的低廉税收。

除了高质量的服务外,新加坡的巴士、MRT 和 LRT 收费也是非常低廉的,其票价依据行程远近,为每趟 0.65 ~ 1.6 新币(约 3.25 ~ 8 元人民币)。新加坡公共交通服务在财政方面是采取政府、私人公司与公交使用者共同承担的方式。政府负责提供公共交通设施,公交使用者提供操作、运营费用,而负责公交运营的私人公司则在政府的监督下,制定合理的收费数额,通过不断提高服务质量,增加公交的使用效率来实现盈利的目的。具体拿 MRT 项目来讲,政府负责建造铁路、车站,并提供第一套运行设施,如火车和信号系统等,而设备的更新换代则需由公交使用者的车票收入承担。尽管新加坡的公共交通收费低廉,但因为公交网的方便快捷,加之优良的服务,其使用率非常高,负责经营公共交通的两家

私人公司都是盈利的。

小结

富有远虑和周详的城市及交通规划，使得新加坡成为一个既井然有序又生机勃勃的国际大都市。在这里，世界级的公共交通系统将城市的众多活动中心联系起来。

新加坡的居民，不管是年老者还是年幼者、不管是有钱人还是穷人、不管是否有身体残疾，都可以通过方便而廉价的公共交通从一个地方去到另一个地方。尽管与亚洲其他国家相比，新加坡的人均收入是比较高的，但是其拥有私人汽车的家庭却不到30%。其通畅快捷、高效运转的道路网和公交网为世人所称道。新加坡政府从一开始就意识到，纵容私人汽车无限制地发展，将是没有出路的，因为国土的限制使得新加坡用于道路建设的土地非常有限，因此唯有限制私人汽车的数量，并提供高质量的公共交通，才是一条既能为人们提供高质量的交通服务，又能保证城市有效运转的可行之路。同新加坡相比，中国幅员辽阔，但是，人均可利用土地却也是非常有限的，如果试图通过建设更多公路来缓解交通拥挤的话，那么有限的土地则将被越来越多的公路所占据，后果不堪设想。因此，我们有必要通过良好的城市及交通规划，并采取有效的措施，如限制汽车的数量，提供高质量的公共交通，来实现可持续发展的目的。在这方面，新加坡为我们提供了值得借鉴的经验。

2.2　斯德哥尔摩——与城市协调发展的区域公交网

斯德哥尔摩是瑞典首都及该国的最大城市。在世界范围内，斯德哥尔摩被公认为公共交通与城市协调发展的典范。斯德哥尔摩大都市地区共有人口1 949 516，而斯德哥尔摩市，则共有居民795 163(2007)，其中大约半数的居民生活在斯德哥尔摩的中心区，而另外半数的居民生活在周围的若干卫星城中，这些卫星城通过轨道交通系统与中心区联系起来，而斯德哥尔摩的公交系统则是一个以几条地铁线为主要干线的完整的区域性网络。

2.2.1 城市发展及城市规划

一个世纪前，艾伯纳泽·霍华德(Ebenezer Howard)提出了在大城市边缘建设在社会和经济方面都可独成一体的花园式卫星城的想法，在他的设想中，卫星城由绿带与市区隔开，并通过火车与市区相连。斯德哥尔摩的发展和建设就是借鉴了霍华德花园卫星城的设想。

在过去的50多年里，斯德哥尔摩由一个单中心的城市，发展为一个多中心的大都市。在这个过程中，斯德哥尔摩的地铁网络起了重要的作用，它决定了人们的居住方式和城市的发展形态。斯德哥尔摩最早的地铁线开通于1950年。按照当时制订的区域规划，斯德哥尔摩的发展是以原有市区为中心，而若干卫星城环绕其周围，这些卫星城由轨道系统与市中心相连。斯德哥尔摩城市随后的发展始终是按照这样的规划设想来运作的。其最早的地铁线与最早的卫星城同步建设，因此当地铁线刚刚开通的时候，由于需求不足，它是带着巨大的赤字运行的，但是斯德哥尔摩城市发展的领导者相信，当其规划中的卫星城真正完善和成型的时候，地铁的效益就会显现出来。如今，斯德哥尔摩的地铁系统全长105.7km，含有100个车站，它以辐射状从中心区伸展到周边的卫星城，成为斯德哥尔摩交通的脊梁(图2-2)。斯德哥尔摩地铁的发展决定了城市的发展形态和人们的生活方式，沿地铁线高密度开发的卫星城是斯德哥尔摩人的主要居所。如今，瑞典是世界最为富有的国家之一，其经济活动主要集中在大斯德哥尔摩地区，在那里私人汽车的拥有率在欧洲是最高的，但是，由于健康的城市发展模式和方便、发达的公交系统，超过半数以上的居民上下班不使用私人汽车而使用公共交通。

图 2-2　斯德哥尔摩地铁系统

值得一提的是，瑞典的快速发展阶段是在二次世界大战后，那时美国及欧洲的许多国家都采用了以高速公路为导向的发展模式，而斯德哥尔摩为什么没有采用当时流行的模式，而选择以公交为导向的辐射状向郊区发展的模式呢？这主要归功于富有远见卓识的斯德哥尔摩市政府（City Council），它在土地利用和交通发展方面所作的工作为斯德哥尔摩随后的发展起了决定性作用。此外的两个重要原因是：①从 1904 年起，斯德哥尔摩市政府就着手开始不断征购土地，其充足的土地储备为其随后几十年的城市发展奠定了基础；②斯德哥尔摩的公共交通与住房的发展是同步进行的。自 1943 年起，瑞典由社会民主党领导了 30 年，该政府特别强调改善居民的住房条件。二次世界大战后，斯德哥尔摩面临严重的房屋短缺问题，政府因此开始在市区外围建设多层公寓。1946 年之后建成的居住单元中，有90%为建在公共拥有土地上的住房，它们都得到政府一定程度的资助。

斯德哥尔摩1945～1952的城市总体规划确定了建设以公交为导向的大都市蓝图，而该蓝图的主要制订者——建筑师斯文·马克刘斯(Sven Markelius)认为，郊区化是不可避免的，但是，斯德哥尔摩市区作为一个活跃的区域经济文化中心的地位必须不惜代价地保留下来，他因此决定将霍华德花园城市的概念付诸实践，新建卫星城，并通过轨道交通将卫星城与市中心相连。

2.2.2 以公交为导向开发的卫星城

在决定建设卫星城后，曾经做过民意调查，当时人们希望能够在卫星城建造中低密度的住房。但是，作为卫星城方案的主要制订者，马克·刘斯决定建设较高居住密度的卫星城区，因为这样可以使所有的住宅都在火车站的步行范围内，他希望这种做法可以使人们不需要拥有汽车就能方便地去斯德哥尔摩市中心。

在进行斯德哥尔摩第一代卫星城的设计时，规划师们特别注意防止形成“卧城环境”，因此他们根据卫星城的设计居住人口，按比例在卫星城分配工业及办公用地，以达到住房与工作机会的相互平衡。卫星城中包含多样住宅(独立式房屋和多单元公寓)，同时含有办公场所、公共服务性建筑及商店。

在第一代卫星城之后，斯德哥尔摩随后建设的卫星城，居住与工作机会的平衡已不作为主要考虑的因素。有数据显示，在斯德哥尔摩，无论所设计的卫星城是否考虑了居住与工作机会的相互平衡，大多数居民并没有在其所居住的卫星城工作。很多人在斯德哥尔摩市区工作，还有很多人在跨过市中心的其他卫星城工作。以市区为中心辐射状分布的地铁线使得大批的民众在上下班高峰时期，在斯德哥尔摩的区域范围内交叉穿行,而各个方向的地铁线也都得到了充分的使用。

斯德哥尔摩的经验还说明,一个地区的居住与工作机会是否平衡与人们对私人汽车的依赖程度没有特别相关的联系。在英国的一些卫星城,居住与工作机会达到了很好的平衡,但那里生活的人对私人汽车的依赖程度却远远高于斯德哥尔摩卫星城的居民。因此,要想使人们减少对小汽车的使用,最关键的是要有一个方便快捷的区域性公交网络。完善的公交体系建立起来,是否在同一社区内维持居住与工作机会的平衡则显得不那么重要。

在斯德哥尔摩卫星城的开发建设中,住房与公交的发展相互依赖,相互影响,起到了彼此间相互促进的作用。目前大约三分之二的斯德哥尔摩居民居住在公交线附近的多单元住房中。大量的外向交通,以及火车站周围高度集中的住房和工作场所,使得斯德哥尔摩很自然地成为一个以公共交通为主要交通手段的城市。

在斯德哥尔摩,公共交通是人们生活的重要组成部分,在高密度开发的社区中,火车站总是位于其最为中心和最有标志性的位置。在火车站周围都设有步行广场,那里有绿地、喷泉、座椅,是人们休闲、娱乐和聚会的场所。在广场的周围,设有商店、餐馆、学校和其他服务设施,火车站也是人们走向区域其他地方的大门。而在卫星城范围内,人们的交通手段主要是步行、自行车和巴士。

良好的城市设计,将市中心与卫星城通过公共交通很好地连接起来,而公共交通的高效使用减少了对公路建设的需求,并因此保护了绿地和城市周围农田。

以公交为导向的城市设计,使得斯德哥尔摩不管是从微观(邻里社区)还是从宏观(节点加走廊)方面讲,都成为一种人们向往的城市模式,如今多于半数卫星城居民通过公交上下班。斯德哥尔摩的经验说明,即使是在非常富裕的城市和地区,公共交通仍然可以是居民主要的交通手段,它同样可以带给人们高质量的生活。

2.2.3 完善的公共交通系统

正如上一部分所提到的,斯德哥尔摩的以市区为中心辐射状通向几个卫星城的地铁系统(Tunnelbana)形成了其公共交通的主要骨架。但是,斯德哥尔摩的公共交通远不限于地铁,它还是第一个实现全方位公交综合服务的欧洲城市。除了地铁外,斯德哥尔摩还有三条区域性轨道交通系统,三条轻轨列车系统,和四通八达的巴士线路。从1967年起,地铁、巴士、电车等公交服务由斯德哥尔摩交通机构SL(Storstockholms Lokaltrafik)统一规划和协调管理,各公交线路之间的运行时间表因而得以协调有效地安排。

除了优良的城市及交通规划以外,为了鼓励人们使用公共交通,斯德哥尔摩政府还做了很多工作,首先,它将公共交通的收费定位非常低,每趟乘车的价钱依照其距离远近,仅为1.0~1.5美元,而购买多次乘车的票卡还有很多的优惠,乘客所付车票的收入只占公交运营成本的三分之一。为维持低票价和较低成本的运营,斯德哥尔摩地区的巴士及轨道交通都是通过竞标来选择负责运营的私人公司的。1991年,斯德哥尔摩交通机构(SL)被划分为两部分,一部分为交通计划部门,主要负责公交服务及票价调整等方面的事务,而另一部分为公交操作部门,主要负责其公交线路向私人公司承包的事务。到1996年,已经有60%的巴士及轨道交通服务以招标形式承包给私人公司经营,研究表明,以招标形式将公交运行服务承包给私人公司与不竞标承包相比可以节省开支37%。

此外,所有公交都采用同一车票,不同公交车之间的换乘无需重新买票,使得换车过程方便和简捷。合理的城市及交通设计加上良好的公交服务,使得斯德哥尔摩成为通过公交上下班人数最多的欧洲城市。尽管大多数斯德哥尔摩的家庭都拥有私人汽车,但是因为公交的方便,使得人们宁愿把汽车放在家里，而乘公交上下班。斯德哥尔摩家庭一般都拥有第二所远郊住房，他们的汽车用于购物、假日出游，或在周末去郊外的居所居住，而上下班繁忙时段的交通则主要由公共交通来承担。

2.2.4　交通需求管理的相关政策

正如上面所说，斯德哥尔摩政府为鼓励人们使用公共交通，一直试图将公交的收费维持在低水平，而与此同时，他们则将出租汽车的费用和市内停车的费用设置得非常高。在市中心，街边停车基本上是禁止的，即使是有限的停车位，其位置越靠近市中心，收费就越为昂贵。在地铁站周围，停车位也是非常有限的。此外，瑞典还是汽车附加税及汽车注册费最高的国家之一。1992 年，一辆汽车的附加税和注册费加起来约占购买汽车价钱的 58%，而在同一时期，美国的汽车附加税和注册费只占新车购买费用的 9%。另外，汽油税则是在基础价值上附加 80%，同期美国这一数据则为 25%。

2007 年 7 月，斯德哥尔摩作为继伦敦之后的欧洲第二个开始实施城市交通拥堵收费制度的城市。实施交通拥堵收费制的主要目的是缓解斯德哥尔摩市中心交通拥挤的情况，进而改善其周围环境。在正式实施该制度之前的 7 个月当中，瑞典政府先进行了试点试验。试点试验证明，实施拥堵收费可以有效地缓解交通拥堵情况，从而减少二氧化碳排放量 14%，而使用道路的交通量则可以减少 22%。因此，斯德哥尔摩政府决定永久性地实施道路拥堵收费制度。在实施交通拥堵收费制度的同时，为了使人们在实施收费后仍然可以方便地进出中心区，斯德哥尔摩政府在收费区外围附加了更多停车空间(park and ride)，以方便人们把车停在中心区外而换乘公交车进城，除此之外相对应的，政府也增添了巴士数量及新巴士路线，而且进入市区的轨道交通容量也随之得到了相应的提高。

斯德哥尔摩的拥堵税收费制度的实施过程是这样的:市中心区设为拥堵税实施区,该区域的所有进出口都装有自动操作的车牌识别装置,所有进出该区域的汽车每次需缴付 1.1 ~2.2 欧元的费用,这些费用需在使用该路段的 14d 之内通过互联网、一些商店内设置的柜台,以及其他一些方式付清。

拥堵税的收取为斯德哥尔摩政府带来额外收入,他们将此用于进一步改善城市的公共交通和其他道路设施建设。

小结

良好的城市设计,将斯德哥尔摩市中心与其周围高密度的卫星城通过公共交通有效地连接起来,而它对行人友善的城市设计和方便、快捷的公共交通,加上对私人汽车的种种限制,使得其公共交通的使用率非常高。斯德哥尔摩的经验说明:实现以公交为导向的城市发展必须在进行高密度开发的同时,建立区域性的、完整的和高质量的公交网络,这样就可以把越来越多的人吸引到公交上来,进而有效地减少人们对私人汽车的依赖,实现城市的可持续发展。

从斯德哥尔摩的城市发展过程可以看出,一个富于远见的、良好的城市规划决定一个城市的健康发展,而政府的政策不仅对城市的发展而且对人们的生活方式在很大程度上都可以起到至关重要的作用。斯德哥尔摩发展公共交通,并沿着公交线进行高密度的卫星新城开发,这种城市模式可以防止城市的无序及无节制的向外蔓延。目前中国许多城市都存在城市摊大饼式的无序扩张的情况,斯德哥尔摩的城市发展经验值得借鉴。

2.3 东京——与房地产共同开发的高密度轨道交通网

东京是日本的首都,也是最主要的国际大都市之一,这里人口众多,城市交通的主要形式为轨道交通,在大东京范围内共有 2 000 多公里长

的轨道交通线。不同于许多其他国家和城市，东京的许多轨道交通设施是由一些大型私人铁道公司修建和经营的。这些铁道公司以营利为目的，在开发和经营铁路的同时，也经营铁路沿线的房地产，以及其他商业和服务业，它们也在铁路沿线建造新城，形成了城市的发展以铁路沿线为导向的局面。东京的这种开发模式不仅给这些大型铁道公司带来巨大的收益，也为东京市民带来了便利的交通和便于使用公共交通的居住和生活环境，形成了一种双赢的局面。

2.3.1　城市及城市发展

我们通常所说的东京往往具有不同含义。以东京的历史性中心点江户向外划分的半径 20km 区域为东京的核心区，也称作东京 23 区，这里共有人口 800 万；属东京都政府管辖的区域称作为东京都区，它含有人口 1 900 万；而东京所包含的全部区域叫做大东京区域，共有人口 3 400 万（图 2-3）。

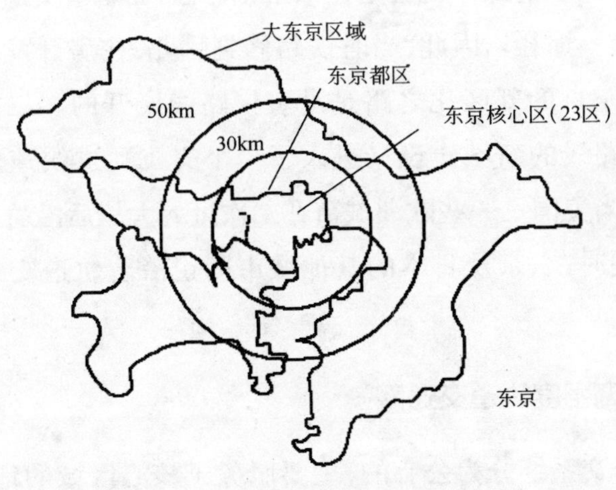

图 2-3　大东京区域划分

东京核心区(23 区)为东京最为繁华和拥挤的地区,这里的地域面积为全日本的0.6%,而其所含人口则为全日本的十分之一。就全日本而言,58%的日本最大型公司的总部,47%的银行机构和80%的外国公司设在东京核心区。按照1990年的统计,当时大东京区域范围内共有830万个工作机会,其中670万个,也就是81%是在东京核心区。正因为如此,这里处于过度拥挤,地价奇高,交通拥堵,地铁超负荷运转,就连城市的用水用电也面临困难的境况。近几十年来,日本中央政府极力推进新城建设,以分担东京核心区过度负荷的状况。而从城市发展的趋势来看,目前越来越多的居民搬离核心区,过去的住房和公寓越来越多地被办公楼所取代,因此现在的城市模式被叫做“甜甜圈(doughnut)”,也就是空心状的城市居住分布。

核心区是最主要的工作场所,到市中心工作的人主要通过轨道交通往返于住家与工作场所之间。日本轨道交通最早和最快的建设时期为1915~1935年,当时正是日本的快速工业化时期,经济发展速度很快。那时三分之一以上的工作机会是在东京核心区,而轨道交通是人们可以到达那里的唯一途径。因此,当时铁路修到哪儿,住房开发和城市人口就跟到哪儿,东京的郊区化之路是沿着铁路线展开的。二次世界大战后,东京沿铁路线的新城建设又进入了一个突飞猛进快速发展的新阶段。可以说,当美国及一些欧洲城市在二次世界大战后沿着高速公路郊区化发展的同时,东京及日本的其他城市则正沿着轨道交通线向郊区扩展。

2.3.2 高密度轨道交通网

东京的公交系统分为公有的,主要服务于核心区域的地铁、单轨列车及其他交通服务;私有的郊区火车和地铁;以及原来属于公有,但随后被私有化了的日本城市轨道交通系统(JR)。

轨道交通是东京的主要交通模式。东京具有全世界最为庞大的城市轨道交通系统，这里有 119 条地上及地下轨道交通线路服务于大东京都地区，其中有 101 条线路主要服务于东京都区。尽管如此，东京的轨道交通系统还在进一步扩大。东京的轨道交通线由多家经营者经营，其中绝大多数为私人公司。由于轨道线路繁杂交错，所以人们很难通过一张地图来看清所有的铁路线路及站点。现有的做法是，每一家铁路经营者提供自身的铁路路线图，上面明确地标注火车转换点，而旅游者通常得到的是东京地铁线路图（见图 2-4）。

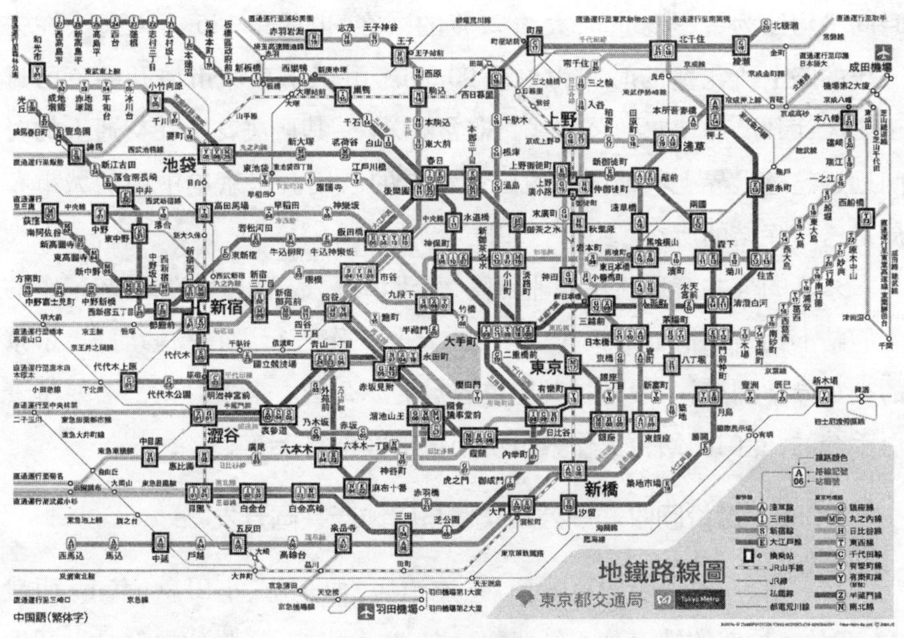

图 2-4　东京地铁线路图

东京共有 13 条地铁线。环绕中央核心区的是 JR 的山手地铁环线，环线之内是高密度、纵横交错、穿越市中心的公有和私有地铁线和若干 JR 火车线。沿着山手地铁环线向外以辐射状延伸的是众多私人拥有的铁路线路。依照法律，私人拥有的铁路线路不可以通过核心区，所以这些私人经营的火车线都以山手地铁环线为终点站，每天有大量的乘客在山手地铁环线各站换乘地铁，异常繁忙。

东京的地铁系统高效率地运行，两趟班次之间的间隔一般不超过2min，对一个200m长的站台来说，如果乘客误掉一班车，下一班车的到达时间少于他从站台一端走到另一端的时间。而郊区的火车，在繁忙时段一般是每6～8min一班。东京的火车清洁且特别准时和值得信赖，并在世界上享有安全运行的良好声誉。

尽管相对其他国家和城市来说，东京的公交车等车时间非常短，但是按照1990年的统计，东京人每天从住家到工作场所花费在交通上的时间平均约为单程66min，大约21%的乘客，也就是185万人每天在去工作的路上所花费的时间为单程90min。由于东京城市摊开的范围过于广大，因此，即使它的公交线路非常有效率，其居民花费在交通上的时间远远超过世界上其他大多数国家城市的居民。东京单中心的城市布局是这一症结的所在。

东京的公共交通使用率非常高，每天清晨，成千上万的、西装革履的人们踏上拥挤而清洁的火车，开始一天的工作之行。在高峰时段，东京的火车异常拥挤，一般超过其座位容量的2.5倍。很多时候都需要带着白手套的、专门的站台工作人员协助将乘客推挤上车。

2.3.3 溢价回收——公共交通与房地产共同开发

在东京，一些著名的百货商店、连锁店，如东急、小田急、京王、西武等，都是由早期的铁道公司经营的。在20世纪初，这些公司都是以开发铁路起家，而随后将生意扩展到其他一些与铁路相关的行业，如房地产开发、零售业、巴士运营等，这完全是出于经济利益的考虑。将购物中心、住宅区、娱乐设施建在火车站周围，可以大幅度增加火车的使用率，而火车又为这些设施的使用者带来交通上的方便。

日本的所有火车线，其票价的制订受到政府交通部门严格控制，以

保证它在普通百姓所能负担得起的范围,因此铁道公司在铁路经营方面的利益很低,它们要想增加收益,必须从事一些其他行业。日本政府的政策是积极鼓励铁道公司从事附加产业,其做法是,将不同的经营区域分别授权于不同的公司,这样可以减少公司之间的恶性竞争,从而使公司赢利最大化。在一个区域内,巴士和火车通常也是由同一家公司来经营,这有利于不同交通工具之间在线路和时间安排方面的相互协调。

在众多铁路公司当中,东急公司是综合开发铁路和房地产最成功的例子。20 世纪初,东急公司在开发铁路之前买下了大片土地,它早期最成功的开发项目是田园调布,这也是东京最著名的住宅区。该住宅区建在东急火车线的涩谷和樱木町站之间,除了高质量的住宅以外,这里还建有高层购物中心(东急百货商场)。此外,东急还通过给予优惠条件吸引几所大学在这里设立了校园。商业中心和大学校园使得该铁路线在双向都可以保证饱满运行。目前,在东急公司的支出中,35% 用于铁路经营,25% 用于房地产,而公司收益的 2/3 来自房地产。

日本所有的私人铁路公司都经营其他业务,其中房地产是使他们保证赢利的最主要项目。铁路公司一般也同时经营巴士业务,巴士经营一般来说是亏本的,但铁路公司还是会经营它,因为巴士可以把人们从那些离火车站较远的住宅区带到火车线上,从而提高火车的使用率。铁道公司在铁路和巴士经营方面的低效益通过对铁路沿线的房地产开发和商业经营得到了补偿,而其所获得的效益又让它们随时在恰当的时机继续扩展其铁路线。

在日本进行铁路与房地产综合开发的先驱是阪急铁道公司。1910 年,在阪急公司建造的宝塚线开通之后,公司很快发现,经营客运火车是一个赢利很小的行业,而且吸引到乘客也不是一件很容易的事,因此公司在几个火车站周围开始建造住房,随后一些年又在铁路沿线开发办公楼、旅店、购物中心和娱乐设施等,收到了非常好的效益。阪急公司的成功经验很快在日本传播开来，各个铁路公司纷纷效仿，而原有的铁路公司也都转形成经营多种业务的综合公司。

铁路公司之所以在房地产开发方面获得巨大的利益，是因为火车线带给其周围的地产极大的升值空间。铁路公司在铁道开发之前以非常低廉的价格征收土地，他们征收土地的常规做法叫做“土地再调整(land readjustment)”，铁路公司从地产主那里收集到大块的、不规则的、未开发土地，随后再将开发过的、较小块的、附带设施的规整土地还给地产主，而多余的土地则为铁路公司所有。

在东京，由私人公司开发的最大型和最成功的铁路沿线地产项目是“多摩田园都市”。在1960～1984的24年间，东急公司利用22km的铁路线，将大片的、无人居住的丘陵地区转变成一个规划良好、设施齐备、具有50万居民的郊区新城，如今，“多摩田园都市”已成为高品质生活的代名词。

借鉴私人铁路公司过去的经验，日本中央和地方政府近年来也开始着手进行与轨道交通相连的新城开发。

2.3.4 政府的相关政策

东京以公交为导向的城市发展模式也离不开其中央及地方政府在交通及土地使用方面的相关政策。由于日本2/3地域为山地，可使用的土地资源有限，加上日本的汽油全部依靠进口，所以日本中央政府从一开始就对拥有私人汽车有严格的限制。限制主要通过若干汽车税来实现，这包括一项向生产商征收的商品税和三项向购车者征收的税款，它们是：购车税、汽车年税，以及依据汽车重量而决定的额外收费。日本的汽油税相对于美国来说也高出3～4倍。另外，在日本，进入市区的高速公路及城市内部的高速公路全部都是收费的。总的来说，日本并没有像其他现代工业化国家一样花费高成本修建高速公路，而是将其在交通上的主要投资放到轨道交通建设上。

有限的停车空间也限制了人们拥有私人汽车。在东京，每一个人在为其购买的汽车注册时，首先都要提供有效的证明，证明其住家附近有可以停车的停车空间。日本的街道狭窄，一般来说街边停车是不允许的。在东京中心区的停车位更是异常紧张，据 1990 年的统计，那里每 1 000 工作岗位中只有 43 个停车位。因此，如果想在东京市中心拥有一个永久的街边停车位，其价格相当于在那里拥有一个小型公寓单位。在汽车容量方面，政府鼓励使用 550cc 以下的小型汽车，以缓解道路和停车位的紧张。虽然日本是汽车生产大国，但是其对私人汽车的种种限制，加上其超级的公共轨道交通系统，因此在日本，特别是在其主要大城市，汽车拥有率并不高。据 1990 年的统计，其每千人的汽车拥有量为 275 辆，而美国每千人的汽车拥有量为 600 辆。

除了在公交服务方面的直接投入外，日本中央政府也通过税收方面的政策鼓励人们使用公共交通。所有的日本工作人员都可以从其雇主那里得到每月约 550 美金的交通补贴，这笔收入是不需要交税的，相对使用公交来说，开私家车的人所能得到的交通补贴只占上面数额的 15%。雇主支付的交通补贴，助长了人们涌向郊区，现在越来越多的、在东京工作的人在新干线车站周围购买房产，他们的住家到东京市区工作地的距离通常超过 100km。

近些年来，日本中央政府也开始采取措施进行铁路与城市的综合开发，目的是发展新型卫星城，分散现有市区过重的负荷。1988 年，中央政府通过立法，以税率优惠和财政补贴的方式鼓励在东京边缘地区进行商业中心的开发，试图通过在东京之外建造一些住房与工作机会分配更为均衡的社区来缓解东京在交通方面所面临的压力。

小结

在东京这样的超级大城市，每天运送几百万人往返于住家与工作场所是异常艰巨的任务。而东京高密度、纵横交错、高效率的轨道交通网络使其每天高负荷的交通运行可以有条不紊地进行。东京完善的公交体系和政府所采取的种种限制私人汽车的措施,使得东京居民将公交作为其必然的交通选择。日本的私人铁道公司以及目前的各级政府通过铁路及沿线房地产的联合开发取得了丰厚的利益,而同时又方便了广大居民,使他们不仅有方便的公共交通又有便于使用公共交通的良好生活环境。东京的公交与房地产联合开发的模式值得中国借鉴,而对于中国的一些大城市,建设完善的轨道交通网络也应当成为缓解交通紧张的必要选择。东京单中心式的城市分布,使其就业机会过于集中在市中心地区,这不仅为城市交通造成很大难题,也使城市生活的其他方面困难重重。中国的城市决策者应该借鉴东京的教训,使城市形成多中心的、更合理分布的局面。

2.4 库里蒂巴——快速公交网及利于使用公交的城市布局

库里蒂巴市是巴西巴罗纳(Parana)省的首府,也是巴西南部最大的金融中心,约有人口180万。库里蒂巴大都市地区共有26个城镇,总人口约为350万。以可持续发展作为城市规划和建设的理念,经过几十年的努力,库里蒂巴现在在世界上享有模范城市的美誉,它的以快速发展和经济省钱为原则建设起来的全巴士综合公交网络,每天为160万乘客提供交通服务。相对巴西的其他大中城市来说,库里蒂巴是一个相对比较富裕和私人汽车拥有率最高的城市,然而它的公交使用率却是全巴西最高的。

2.4.1 城市规划及城市发展

早在1943年,法国建筑及城市规划师艾加克(Agache)就为库里蒂巴制定了一套规划方案。这一方案制定的时期正是一个汽油价钱非常低廉的时期,而巴西那时也试图成为世界上的主要汽车生产基地。该规划方案考虑到私人汽车的增加将是今后城市发展的大趋势,因此,城市的发展被设定为以私人汽车的使用为主导。按照该方案,城市分布的形式是,以原有市中心为中心点,若干条大马路从中心以辐射状向外扩展,而城市用地模式则是当时流行的低密度模式。该方案的实施准备过程经过两年的时间,随后由于经济开始萧条,资金缺乏,艾加克的规划方案被一直搁置下来,没能得到充分实施。

20 世纪 50 ~ 80 年代,由于大批农村人口迁往城市,使得巴西的各大城市人口急剧增加。就库里蒂巴所属的巴罗纳(Parana)省而言,其农业人口从 1970 年的64%减少为2000 年的19%,而库里蒂巴则是这期间人口增长最快的城市。面对城市人口快速增加而带来的住房、环境、社会服务以及交通问题,库里蒂巴政府认为有必要制定一个切实可行的、新的规划方案,来解决城市所面临的各种问题。

1965 年,库里蒂巴市政府以竞赛的形式,召集地方规划师和建筑师,对该城市进行新的规划设计,而最终选择的方案是由库里蒂巴城市规划研究院提出的。考虑到 1943 年设计方案的一些弊端,如以市中心为原点向外辐射发展的模式,将会使市中心成为交通枢纽,原有市中心部分将面临重建,许多古老建筑也需要被拆除;低密度发展模式将导致城市无限蔓延且难满足人口快速增加对住房的需求,新方案将城市设计为线性发展模式。它主要有几个特点:一是将原市中心区边缘部分设计为各条道路的终结点,这样中心区原有面貌不仅可以得到保护,而且可以成为免受汽车干扰的步行区;其次,在新的方案中,城市的发展沿着设定好的若干轴线走廊展开,轴线走廊两侧为高密度开发的多功能商业区和住宅区,土地使用密度在轴线道路两侧最高,随着用地与轴线道路间距离的增加,土地使用密度逐渐降低;再有,城市交通主要由公交网络来承担,公交网络则由沿轴线道路行驶的大型快速巴士线、交叉连接各轴

线的区域间巴士线及主要服务于低密度地区的接驳巴士线组成。

新规划方案开始真正实施是在1971年之后，当时，原库里蒂巴城市规划研究院院长杰姆·勒纳（Jaime Lerner）当选为库里蒂巴市市长。勒纳在城市建设方面所奉行的原则是“最快、最简单、最经济”，在他上任后立即大刀阔斧地开始新规划的实施。他首先将市中心部分转变为步行街。尽管将市中心转变为步行街的做法在一开始并不受欢迎，但是市中心的商家很快发现，步行街为他们的商店带来很大的经济效益。随后，周围的商家也纷纷要求将自己所在的街区变为步行区。从那时起到现在，库里蒂巴的市中心步行区已经扩大到46个街区。与此同时，对市中心部分历史建筑的修缮、文化设施及公共活动场所的建设也不断展开，中心区因此成为库里蒂巴人娱乐休闲购物的好去处。

为迎合规划设计中城市线性发展的模式，库里蒂巴在城市交通方面经过不断摸索和改进，形成了独具特点的道路、公交体系。其主要轴线道路共有三个部分（图2-5）：中间一条为快速巴士线，它由中间双向快速巴士（express lines）专用线和两侧的普通汽车线组成；与快速巴士线

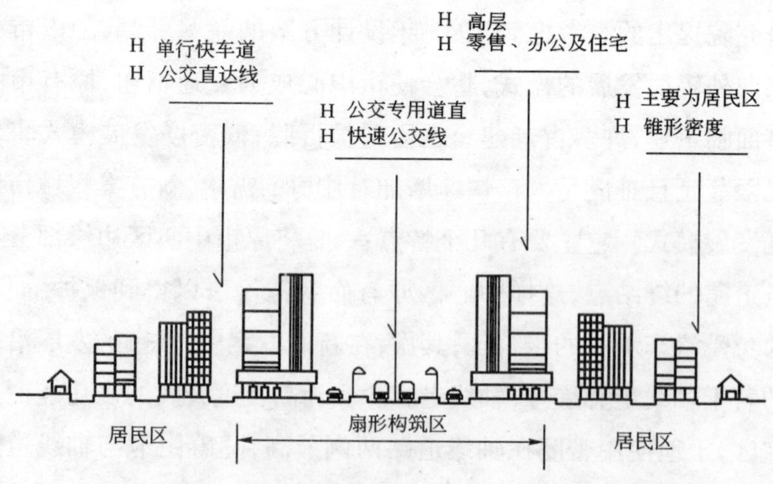

图2-5 库里蒂巴道路系统及土地使用模式

相平行的两侧，但在一个街区以外，各有一条单向行驶道路，为直达特快巴士线(direct lines)。这个道路系统也被叫做三重轴线道路系统(trinary road system)。

这种道路系统所形成的城市环境具有高密度和混合使用的特点。在城市主要轴线道路，即公交快车路线的两侧是高密度建筑，它们一般是底部两层为商店，上部为住房或办公设施的高层建筑；轴线道路以外的步行范围都是住宅区，住宅区的建筑密度随着其与轴线道路之间距离的增加而降低。这样的布局一方面方便城市居民使用公共交通，与此同时，公交的使用率也自然得到了很好的保证，形成了一种良性循环。

2.4.2　综合公共交通网络

库里蒂巴 1965 年规划方案确立了城市土地利用必须与城市交通的发展相协调和统一的原则。为保证全体市民都有权利享受良好的交通服务，市政府决定给予公共交通绝对的发展优势。而建立什么样的公交系统？是全巴士交通系统，还是轨道交通网络？这成为市政府主要考虑的问题。按照市长勒纳“最快、最简单、最经济”的办事原则，市政府决定采用以快速巴士为主体的全巴士公交系统。作为一个资金缺乏的、第三世界国家的中等城市，快速巴士被证明是非常可行的公交系统，其造价低廉，且建造速度快，可以很快投入运营。一般来说，地下铁路的造价为8 000 ~ 9 000 万美元/km，轻轨铁路造价为 2 000 万美元/km，而库里蒂巴的快速巴士系统造价仅为 20 万美元/km[2]。

从 1974 年第一条快速巴士线开始运营，到 1979 年，库里蒂巴已经形成了一个由快速巴士线(express lines)、接驳巴士线(feeder lines)和区域间线路(inter - district routes)组成的全巴士公共交通网络。

公共交通的成功发展，使得巴士公交网络的使用率非常高，从 20 世纪 80 年代开始，由于乘客量不断增加，原有快速巴士线也变得越来越不负重荷，扩充公交系统已经势在必行。由于缺乏建设地铁线路的资金，库里蒂巴的交通决策者决定建立一个直达快速巴士系统，即在原有快速巴士线两侧开辟与其平行的单向直达特快巴士线。直达特快巴士线使用高容量巴士，它只在若干个转换站停车，其车站采用独具特色的管状车站形式。1991 年，直达特快巴士开始运营，它是非常有效的公交形式，每小时可以比普通巴士多运送乘客 3.2 倍。直达特快巴士的理论设计容量为每小时每方向 9 000 人，这相当于世界上最繁忙的轻轨系统的容量。有调查显示，直达特快巴士在 1991 年刚刚开始投入服务，就有 28% 的人放弃过去驾车上班的习惯而改为乘坐直达特快巴士。

库里蒂巴的快速巴士系统可以给乘客以不同选择，那些需要长距离交通的乘客，如从郊区到市区工作的人可搭乘直达特快巴士；而那些只需要较近距离交通的人则可以选择快速巴士服务；此外，还有区域间巴士和接驳线巴士。多样、便捷、可靠的巴士服务，使得公共交通成为库里蒂巴人出行的主要选择。目前，在库里蒂巴市，每天大约有 1 100 辆巴士运行 12 500 趟次，乘坐公交的人次每天超过 160 万。研究数据显示，库里蒂巴的综合公交网络每年减少汽车使用量 2 700 万趟次，而与巴西其他同等规模的城市相比，库里蒂巴用于交通的燃油消耗要低 25%。较少的汽车使用率，也使库里蒂巴成为巴西空气最洁净的城市。除了良好的城市布局外，方便快捷、健康运作的公交网络和容易使用的车票，以及舒适、有效的公交车站都是促成人们选择公共交通作为出行交通工具的重要因素。

库里蒂巴综合公交网络的组成

库里蒂巴的公共交通网络由三个层次的巴士服务而组成，它们是：直达特快线（direct lines）和快线（express lines）、接驳线（feeder lines）以及区域间线路（inter-district routes）。

其中，直达特快线和快线巴士运行于主要交通走廊上，它们是城市交通的脊梁，负责大批量的沿线乘客运送，其作用就像地铁或轻轨列车

系统;接驳线一般服务于低密度住宅区,将那里的居民运送到交通快线上;而区域间线路则为环形线路,它是连接主要交通走廊之间的线路,其作用是使那些想要转换不同快线的乘客可以在市区以外进行换乘(图2-6)。

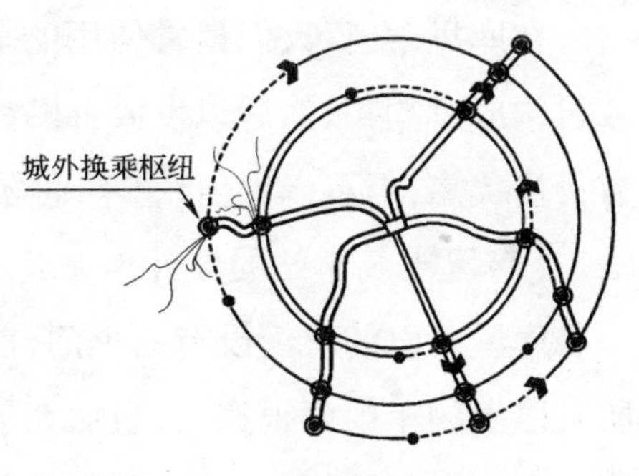

图2-6 库里蒂巴公交网

(1)公交车票

使用一张车票就可以乘坐库里蒂巴公交系统的任何巴士,这种车票形式是在经过不断修正、改进后形成的。

采用巴士系统作为城市主要交通系统,库里蒂巴市政府首先遇到的问题是如何提高巴士系统的运行效率和速度,他们认为,简洁方便的车票形式对于提高巴士运行的效率是非常重要的。为此,库里蒂巴曾试图采用过多种车票形式。首先采用的是双车票制,也就是快线巴士与其他巴士采用不同的车票。由于富裕人群一般居住在中心区附近或主要交通走廊附近,他们往往只需乘坐快线巴士而无需使用接驳巴士,因此这种车票形式被认为有利于富人而不利于穷人,最后予以废除了;随后,市政府决定让人们免费乘坐接驳巴士,而只需在乘坐快速巴士时购票,然而结果是,接驳巴士成为一些无家可归者的居所,肮脏不堪;因此,市政府最后决定采用单票制,即通过单一车票可以乘坐各种公交,并相应建设了地铁站式的巴士转换站,让人们在转换站内通过所持车票可以随意换乘各种巴士。

库里蒂巴的巴士车票价钱大约为每张30~40美分,车票的价钱随巴西币值的浮动而上下大幅波动,1993年间,一个月内票价浮动就超过30%。票价由有关政府部门URBS和相关私人公司根据经营成本的计算而确定。

在库里蒂巴，人们最常使用的车票是交通卷。交通卷一般由各公司或机构成批购买，然后以发放补贴的形式发给它的职工。购买交通卷没有价格优惠，但可以保值，它不随物价波动而波动，因此很受欢迎。

(2)巴士及车站的设计

库里蒂巴的巴士设有三个门，前门为上车门，后面两个门为下车门。所有巴士的车门都很宽大，且底盘较低，便于人们上下车。各种不同类型的巴士以不同颜色为标记，如快线巴士为红色、直达特快巴士为银灰色、接驳巴士为橘红色、区域间巴士为绿色。在转换站内，人们很容易根据颜色找到自己需要乘坐的巴士。

库里蒂巴的综合公交系统之所以可以顺畅地运行，离不开它的20个封闭式的转换车站(图2-7)。转换车站像是一个火车站一样，设有左右两个站台，供两个方向的快速巴士、接驳巴士和区域间巴士停靠，人们

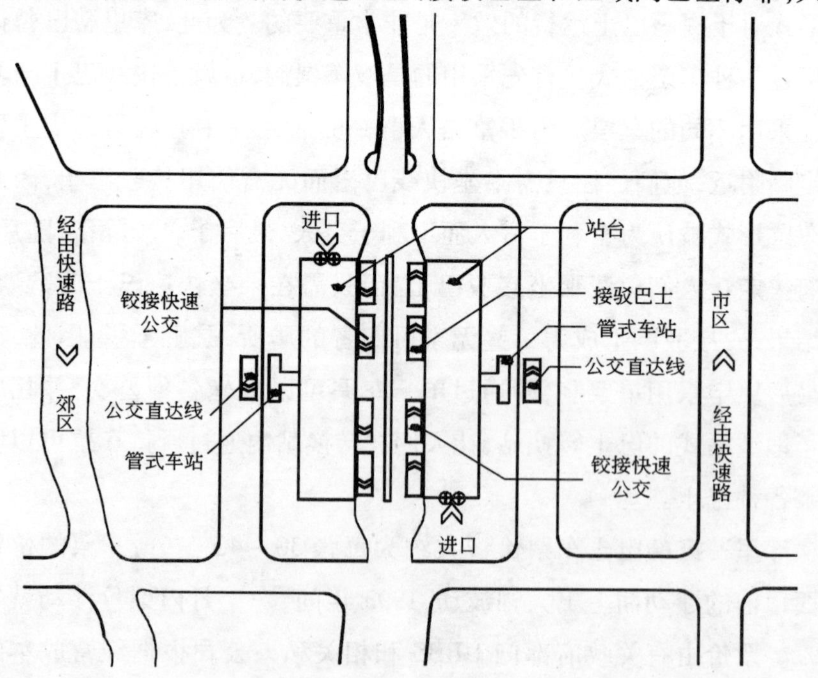

图2-7　库里蒂巴巴士转换站示意图

乘坐巴士进入转换站,并在转换站内随意转换其他巴士。巴士转换站设计舒适,里面设有座椅、书报亭、巴士运行时间表等,在大型转换站内还设有小型零售商店、花店、日用品店等。

库里蒂巴的巴士站系统中还包括专供直达特快巴士使用的、设计独特的管式车站。管式车站是由市长勒纳设计的,它像一个小小的火车站,人们在进入车站时购买车票,然后在车站内等候汽车。巴士停靠时,管式车站的折叠板会自动放下,使车站与巴士在同样高度上相连接,方便人们上下车。管式车站设有通道通向巴士转换站。

(3)公共交通管理

库里蒂巴的巴士由十家私人公司所拥有,它们统一由一个叫做URBS的政府公交管理机构来管理。URBS的主要职责是:制定车辆运行时间表、提出服务标准、监督私人公司的服务、收集和发放资金以及管理巴士转换站。URBS的职责还包括与库里蒂巴城市规划研究院合作制订有关综合公交系统的长期规划。而私人公司则以减少维护及运行费用,以及增加收入为目标,负责各条公交线的运营。所有的私人公交公司都没有公交运营补贴。公交运行的全部收入进入一个特别的公交基金,然后由URBS以各公司所运行的公里数为考量,为其发放资金。之所以按照运营公里数而不是乘客运行数量为考量是为了避免不良竞争,防止各公司争抢在繁忙地段运行,而非繁忙地段无人运行的情况产生。

2.4.3 政府的相关政策

库里蒂巴规划方案所确定的沿主要轴线交通走廊进行高密度综合开发,以及优先发展公共交通的政策是形成库里蒂巴以公交为导向的城市发展模式的主要原因。与此同时,巴西政府和库里蒂巴市政府所采取的一些其他措施也促进了公共交通的使用。首先是限定停车位设置,在库里蒂巴市区，停车位数量非常有限且价格昂贵，高停车费限制了人们驾车进入市区；另外，巴西政府所提出的雇主必须为其员工提供交通补贴的政策也促进了公共交通的使用。巴西法律规定，交通花销不得超过其公民个人收入的20%，而这当中，被雇佣者所应支付的交通费用不得超过其收入的6%，多于6%直至20%的、用于交通的花销应由雇主承担。因此，在巴西，雇员向雇主领取交通补贴已成为一种常规现象，这尤其主要针对那些低收入人群。较高收入人士用于交通的花销一般低于其收入的6%，而较少向雇主领取交通补贴。在库里蒂巴，雇主发放交通补贴的形式主要是向雇员发放交通卷，雇员在每月领取工资时也会同时领取到可用于乘坐公共交通的交通卷。

小结

正确的决策、周详的规划，经过不断地修正和改进，形成了库里蒂巴如今令世人羡慕的、可持续发展的、以公交为主导的城市模式。以“最快、最简单、最经济”为原则建立起来的库里蒂巴综合公共交通系统，即以沿主要交通走廊运行的快速巴士为主动脉，区域间巴士和接驳巴士为支脉的公交网络，为库里蒂巴城市交通系统的健康、有效运行提供了保障。库里蒂巴在城市规划和建设中坚持城市土地利用必须与城市交通的发展相协调和统一的原则，是形成其有效城市交通系统的前提，也为中国的城市规划和发展提供了值得借鉴的经验。库里蒂巴的全巴士公交系统造价相对低廉，对于中国一些交通负荷不是特别重的大中城市，库里蒂巴在采用快速巴士公交系统方面的成功经验值得借鉴。

第3章　中国的城市及城市交通发展

自改革开放以来，中国的经济得到了突飞猛进的发展，随之而来的是城市化水平的大幅提高。城市在地域上的扩展、城市人口的增加，以及随着经济的发展而带来的人民生活水平的提高，使得城市交通需求迅猛增加。然而，在过去很长一段时间里，由于受到各种政策因素的影响，中国的城市发展长期受到制约，交通设施相对比较落后。近些年来，虽然各城市在交通设施建设方面的投资巨大，但由于城市快速发展带来的交通需求的快速增长，城市交通仍然面临日益加剧的挑战。中国城市及交通发展所暴露出来的问题，促使人们寻找更为科学合理的城市发展模式——TOD 模式。

这一部分将讨论城市土地开发、城市人口变化以及经济发展等因素对中国城市交通需求的影响，并对中国城市交通的发展和现状进行总结。

3.1　中国的城市发展与交通需求

3.1.1　中国城市人口增长情况

近 30 年来，随着中国经济的飞速发展，城市人口大幅增加，城市化水平空前提高。改革开放以来，我国的城市化进程大致经历了以下三个阶段：

(1)1978～1984年，以农村经济体制改革为主要动力推动城市化阶段。这个阶段的城市化带有恢复性性质，“先进城后建城”的特征比较明显。就人口来看，城市化率由1978年的17.92%提高到1984年的23.01%，年均提高0.85%。

(2)1985～1991年，乡镇企业和城市改革双重推动城市化阶段。这个阶段以发展新城镇为主，沿海地区出现了大量新兴的小城镇。

(3)1992～2000年，城市化全面推进阶段，以城市建设、小城镇发展和普遍建立经济开发区为主要动力。1992～1998年，城市化率由27.63%提高到30.42%，年均提高0.42%。

改革开放30年来，我国城市化率从20%左右提高到44.9%，设市城市从193个发展到655个，建制镇从2 173个发展到19 369个，城镇人口达到5.9亿，城市化建设已成为推动我国经济增长、社会进步的重要手段。

在本项目调研城市中，北京市的常住人口从2001年的1 383.3万人增长到2007年的1 633万人，城镇化率由78.1%增长为84.5%(图3-1)；成都市2007年总人口为1 112.28万人，非农业人口由“九五”末的345.90万人增至2007年的595.56万人，城镇化率由1999年的33.5%发展为2007年的53.4%(图3-2)；南京市，从2001年58.6%的城镇化水平发展到2007年的77.99%(图3-3)。上述三个城市的城镇化率均超过50%，城镇化水平很高。这三个城市人口急速增加的情况代表了全国城市人口发展的趋势。

目前，中国已进入城乡建设快速发展时期。据统计，到2007年底，全国城镇化水平已达到44.9%。按照“十一五”规划，2010年中国城镇化率将达到47%。

城市人口的迅猛增长是城市化进程中必然出现的情况，它也对城市

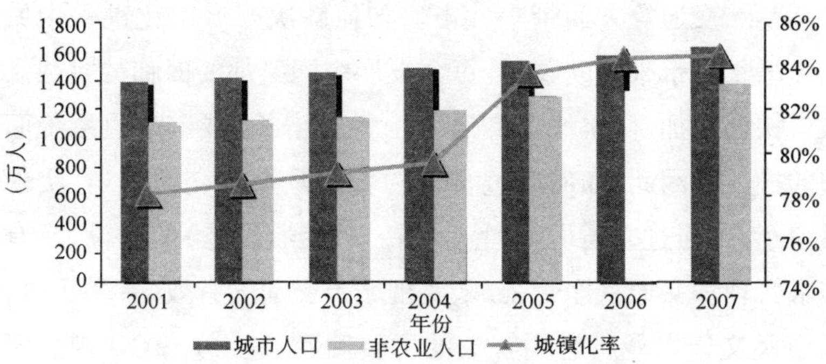

图 3-1 北京市城镇化发展水平(数据来源:北京统计年鉴)

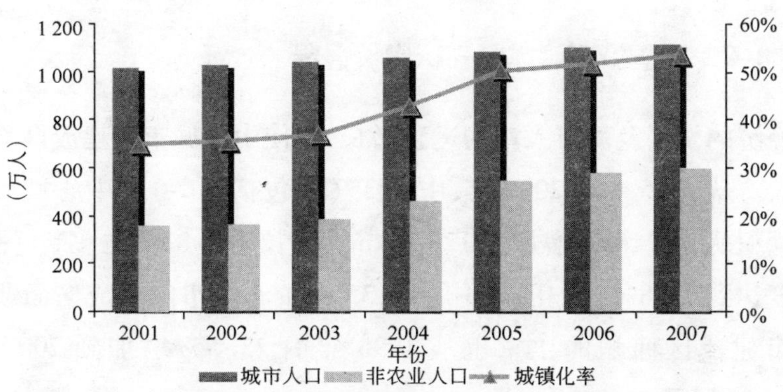

图 3-2 成都市城镇化发展水平(数据来源:成都市统计年鉴)

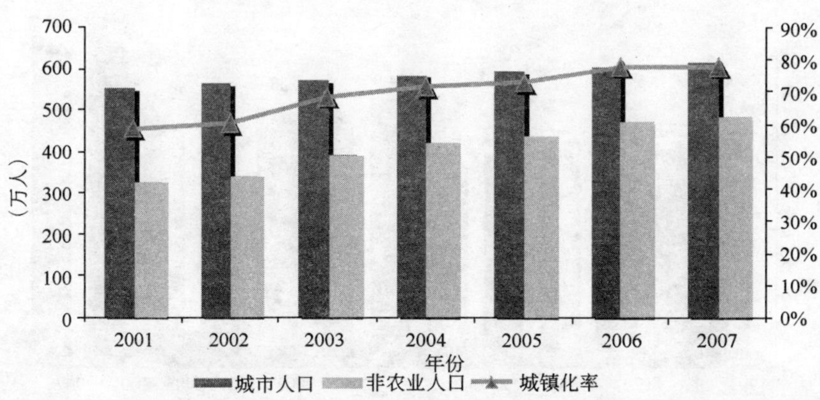

图 3-3 南京市城镇化发展水平(数据来源:南京市统计年鉴)

的住房、就业、交通等方面带来冲击。如何解决好城市化进程中城市人口的急速增长所带来的问题，是每个发展中国家都要面临的挑战。中国城市人口快速增加，使得城市交通需求大幅增长，城市交通系统面临日益严重的挑战。因此，如何通过合理的城市及城市交通规划，实现日常交通量最小，并通过交通设施（特别是公共交通设施）的建设，及有效的交通需求管理和交通秩序管制，来实现城市交通的有效、有序运作，成为中国城市及交通发展所需要解决的主要问题，这也是 TOD 理念所针对和所要解决的问题。

3.1.2 中国城市建成区面积增长情况

经济的发展及城市人口的迅猛增长，促使中国城市的建成区面积不断扩大。从 1995 年到 2007 年，中国 35（不包括拉萨）个中心城市建成区总面积从 5 024km² 增加到 12 050km²，增长 139.85% 之多，年平均增长速度达到 8.28%。如图 3-4 所示，35 个中心城市的建成区面积占全国城市建成区面积的比重也从 1995 年的 25.5% 增加到 2007 年的 43.7%，增加了 18.2%。

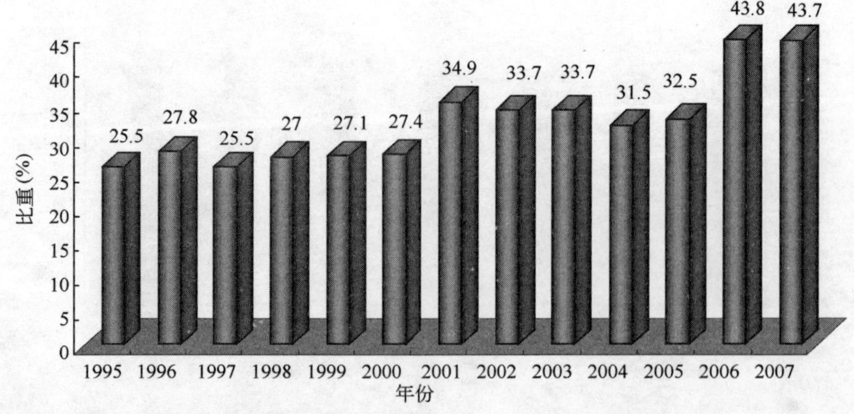

图 3-4　35 个中心城市建成区面积占全国建成区面积的比重（数据来源：中国城市统计年鉴）

在调研城市中，北京市建成区面积由2001年的747.77km^{2}扩张到2007年的1 289.32km^2；成都市建成区面积由1999年的257.68km^{2}扩展到2007年的408km^2；南京市建成区面积由2002年438.63km^{2}扩张到2007年的577km^2（图3-5～3-7）。

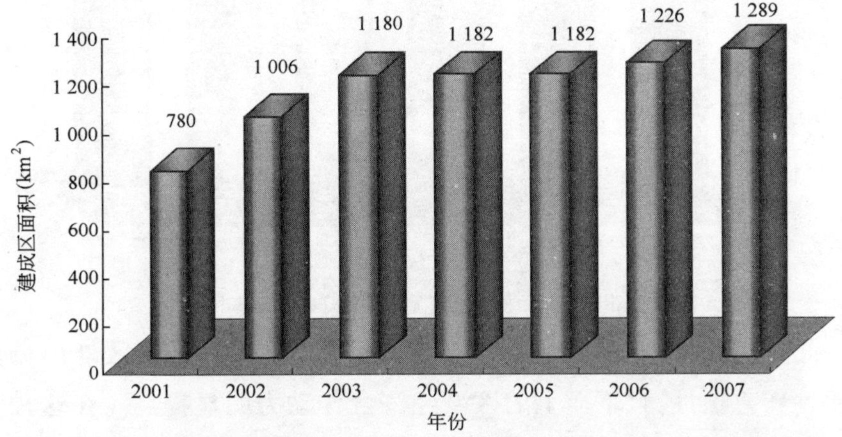

图3-5　北京市建成区面积变化情况（数据来源：中国城市统计年鉴）

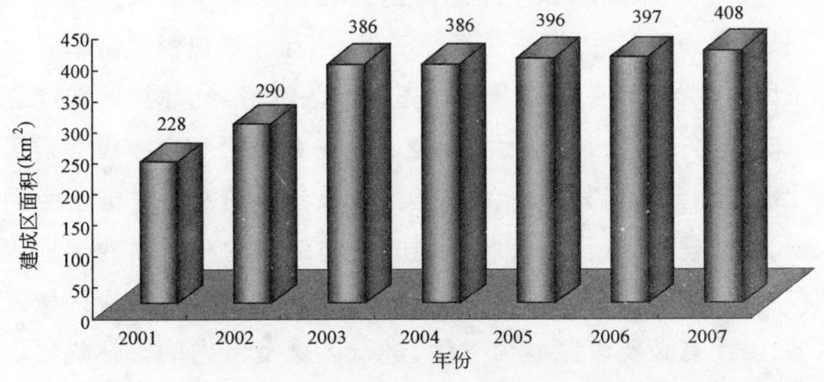

图3-6　成都市建成区面积变化情况（数据来源：中国城市统计年鉴）

城市建成区面积的大幅扩展，使得中国城市居民出行距离急剧增加，交通需求问题不断加剧，城市交通系统面临巨大压力。如何防止城市的盲目扩张，使城市的扩展成为一个有序的、受到控制的过程，这是中国城市规划和城市政策制定方面所面临的挑战,TOD 可以说是一条可遵循之路。

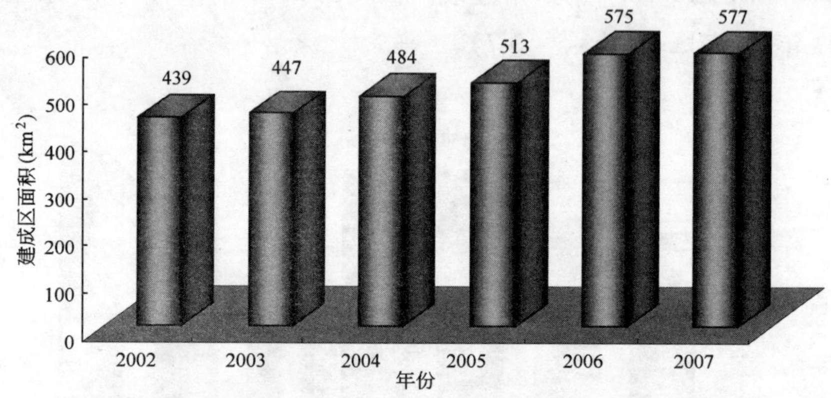

图 3-7　南京市建成区面积变化情况(数据来源:中国城市统计年鉴)

此外,随着买方市场的初步形成,各地日益感到开拓区外市场的必要性和急迫性,自下而上的区域经济合作动力明显提高。在这种背景下,区域合作在更大空间范围内以不同的形式和内容展开,地区之间的经济协作在不断加强。全国由南到北正在逐渐形成由珠三角经济带、长三角经济带、陇海—兰新经济带、京津—呼包银经济带和大东北经济区构成的“四带一区”的经济协作基本格局。同时,珠江三角洲、泛珠江三角地区、长江三角洲、泛长江三角地区和京津唐等地区的一体化进程和合作也将进一步加速。区域合作的发展对国土空间开发规划、交通规划,以及跨行政区划的各类综合的和专项的规划提出强烈要求。原来市域范围内的城市规划,将越来越不能适应区域发展的需要,因此有必要以区域为考量,进行区域范围内的整体规划。在这个过程中,能否将区域规划与交通规划和谐紧密地结合起来,关系到未来区域的发展是否健康和是否具有可持续性。以 TOD 理念为指导进行区域范围的规划,将会使区域的发展克服盲目和被动,而更加健康和有序。

3.1.3 中国城市高密度土地开发模式

中国是世界上人口最多的国家,也是人口密度最高的国家。若以国家总人口与国土地域面积之比作为人口密度,2002 年中国人口密度为 131 人/km^2,而美国为 27.5 人/km^2,巴西为 19.1 人/km^2。悠久的历史使中国城市的发展形成了高密度的土地开发模式,特别是在中国一些老城市和老城区,高密度的土地开发模式尤其特别普遍,截至 2007 年,北京的城市人口密度为 4 750 人/km^2,上海则为 6 850 人/km^2(表 3-1)。

世界各大城市人口密度比较 表 3-1

城市化地区	人口(人)	面积(km^2)	人口密度(人/km^2)	数据年份	数据来源人口面积
北京	12 405 000	2 616	4 750	2007	C B
上海	14 240 000	2 072	6 850	2007	C B
巴黎	10 400 000	3 043	3 400	2005	A A
伦敦	8 278 00	1 623	5 100	2001	A A
芝加哥	8 308 000	5 498	1 500	2000	A A
纽约(NY-NJ-CT)	17 800 000	8 683	2 050	2000	A A

资料来源:Demographia, International Urbanized Area Data; Population, and Density, 2009. A 代表国家官方人口普查数据;B 代表 Demographia 用地图和卫星影片估计的城市化地区面积;C 代表 Demographia 修正后的“建成区”内人口数据。

表 3-1 数据对北京、上海、巴黎、伦敦、芝加哥和纽约几个城市的人口密度进行了比较,虽然该数据是通过卫星遥感方式估算得来的,有一定的误差,但是从趋势上看,中国城市的土地开发明显呈现高密度的特点。形成这种状况的根本原因是中国城市庞大的人口基数。今后,随着城市化速度的加快,越来越多的人口将从农村涌向城市,这种高密度的城市发展形态将会持续并加剧。

高密度分布的城市人口,使城市面临许多难以解决的问题,其中城市交通就是中国城市发展诸多难题中最为棘手的一个。大量人口的日常出行,使得无论是采用自行车,还是公共交通,交通拥挤都会成为一种必然的现象。美国等西方国家，城市呈低密度分布，这种分布形式，使人们日常出行以私人汽车为主，公共交通的发展面临威胁。与之相反的是，中国众多的人口及高密度的城市人口分布，使得公共交通的使用率非常高，造成公共交通异常拥挤的常态。公共交通的拥挤和缺乏舒适感，促使许多有经济条件的人放弃公共交通，转而使用私人汽车。然而，中国城市人多地少的现实使得推广私人汽车不具有可行性，它将进一步加剧城市交通的恶性循环，造成整个城市交通系统的瘫痪。因此，如何通过合理的城市及交通规划，尽量减少人们的日常出行量，同时发展高效率、大容量公共交通系统是解决中国城市高密度发展状态下交通问题的必然选择。

3.1.4 计划经济时代遗留的"单位大院"式土地使用模式

计划经济时代，城市规划中采用比较明确的"功能分区"的方式，出现了"大街区，稀路网"的城市形态。根据中国现有的城市道路设计要求，干道道路间距可以达到700～1 200m，即使是小城市，干道网间距也要求达到500m左右。这样的道路网络形态特点是与计划经济时代特有的"划拨土地"方式相辅相成的。那时，由于城市土地被严格地进行划分，城市中各种党政机关、国有企业均被分配至相应的地块中，形成涵盖生产、生活等多种活动的城市基本模块，也就是我们所熟知的"单位大院"模式，每个单位大院均成为一个小社会，内部的活动自成一体，进出大院一般受到限制，不允许非本单位车辆随意使用大院内的道路。应该说，在计划经济的体制下，这种城市路网结构是符合当时的经济发展需要的。计划经济体制下是"企业办社会"，在"单位大院"的内部，既修建了住宅楼、职工宿舍，为单位职工提供了住所，同时生产、办公单位也都在大院内部，为大院内居住的人口解决了大部分的工作岗位，大院内甚至有学校、医院、商店，从而大大减少了大院内居民的外部出行需求。在

计划经济时代,大多数出行的发生端和吸引端都在大院内部,从而大大地减小了城市道路网的交通压力。

改革开放以来,随着计划经济体制逐步转向社会主义市场经济体制,各种资源配置对市场的依赖不断加深。原有的"大院文化"由于企业体制的改变而面临根本性的变革。市场经济条件下,企业内部的学校、医院等资源面向社会开放,企业内部的职工及其子女越来越多地选择在大院外工作、居住,而同时又有许多大院外面的人迁移至大院内工作、生活。原有大院内部的规划格局,是以服从生产为主,随着人民物质生活水平的提高,它已难以满足人们的日常生活、娱乐的需求,也难以满足越来越多样化的工作需求。当人们的生活、工作需求在家附近无法满足时,只有借助于交通工具到较远的地方,这就诱导了城市道路交通系统的交通量进一步增大。

从社区形态来看,单位大院具有 TOD 社区的许多特点,如土地的多功能混合使用,便于步行和使用自行车的街道,社区内较为完善的生活设施及居住与工作岗位相互平衡等。因此,在城市不断变化和发展的过程中,如果能够有效利用原有大院社区的设施,并将原有的大院社区通过有效的公共交通与城市的主体公交网络连接起来,将有助于缓解城市交通的日益恶化。

3.1.5　人口老龄化速度加快

中国人口发展正出现日趋明显的老龄化现象,其原因有两方面:一是一个家庭一个孩子的计划生育人口政策,使中国近 30 年出生的人口大幅度减少,年轻人口比例减少;二是随着人民生活水平和医疗水平的提高,人口寿命逐渐提高,老年人口比例增加。按照联合国的有关标准,60 岁以上人口占总人口 10% 以上,或 65 岁以上人口占总人口 7% 以上的国家和地区,被称为老年型国家或地区。据统计,2000 年中国 60 岁以上老年人已接近1.3亿，未来几年中国将全面迈入人口老龄化国家行列。人口老龄化的加速代表城市里老年人口所占的比例增加，城市的整体功能因而也需进行相应的调整。

人口老龄化对城市社区的社会服务提出更高要求，如要求社区提供方便的医疗服务、便于老年人交往的绿地空间、社交场所、服务设施等。目前，中国城市所面临的情况是，高楼大厦里"空巢"的家庭越来越多，老人们虽然通常衣食无忧，但却被现代城市建设所形成的宽马路、高楼、围墙、高科技的门禁系统所限制，使老年人在进行社会交往活动方面存在屏障。

另外，人口老龄化也对城市交通提出了更高要求。城市老年人的出行主要依赖于公共交通设施，因此发展公共交通也将成为各城市应对人口老龄化的重要措施。目前，中国在交通规划领域，尤其是城市公共交通规划领域，并没有对人口老龄化而带来的城市及交通问题予以足够重视，城市中适宜于老年人的公共交通服务设施严重滞后，且现有交通设施建设缺少针对老年人的安全无障碍设计。此外，汽车的快速增加，使得原有的街道被停放的车辆占据，加之汽车行驶所排放的尾气、噪声，使老年人越来越失去了休闲漫步和步行的空间。

人口老龄化正在成为中国城市发展和建设所必须面对的一个问题。但是，各个城市目前在城市及城市交通建设方面还没有对此予以重视，这是需要予以改变的。面对人口的老龄化，中国未来城市的居住区建设、生活服务设施建设、交通设施建设，均需充分考虑老年人的特点和需求。依据TOD理念，建设多功能和谐社区，以及建设可通过步行连接的、安全的、方便的公共交通网，将有助于中国城市应对人口老龄化所带来的挑战。

小结

中国城市发展所形成的用地、人口形态使得中国的城市交通面临挑战。借鉴TOD理念，通过发展公共交通及进行合理的城市规划，使城市用地及人口分布更为合理、有序，并使人们的出行更依赖于公共交通，将有助于缓解中国城市道路交通需求的过猛增长，使中国城市的发展更具有可持续性。

3.2 中国经济的发展与交通需求

3.2.1 中心城市经济发展迅猛，促进交通需求增长

近年来，中国城市在国民经济发展中的地位和作用显著提升，成为带动经济发展、推动社会经济现代化建设的主要力量。根据2007年的统计结果，12个城市GDP总量达到66 652.1亿元，占全国GDP总量的26.5%，GDP平均增速达到15.02%，高于全国5.7%；12个城市土地面积总计18.9万km^2，占全国总面积的2.0%；人口总量（户籍人口）11 536.2万人，占全国人口总数的8.9%。

在调研城市中，2007年，北京市实现地区生产总值9 353.32亿元，比上年增长13.34%，连续9年超过10%。按常住人口计算，人均GDP同比增长8.9%（图3-8）。第三产业增加值1 161.99亿元，增长20.82%，占地区生产总值的比重达到72.09%，一、二、三产业结构由2005年的1.4∶29.5∶69.1变化为1.08∶26.83∶72.09。2006年城市居民人均可支配收入达21 988.7元，比上年增长10.07%，居全国第三位。

成都市地区2007年生产总值达到3 324.4亿元，在全国15个副省级城市中，居第七位，按户籍人口计算的人均地区生产总值达29 888元；按当年价格计算，GDP总量为1978年的92.6倍，按可比价格计算，“十五”期间（2000～2005年），年均增长11.7%（图3-9）。

2007年，成都市城市居民人均可支配收入达到14 849元，农民人均纯收入5 642元，“十五”期间年均增长分别为8.2%和8.3%；城乡居民

储蓄存款余额达2 466亿元。1978年四川城镇居民家庭人均年交通通信支出仅3.2元，2008年猛增到1 121元，增长349倍，其中交通支出549元，交通支出的增长尤为迅猛。

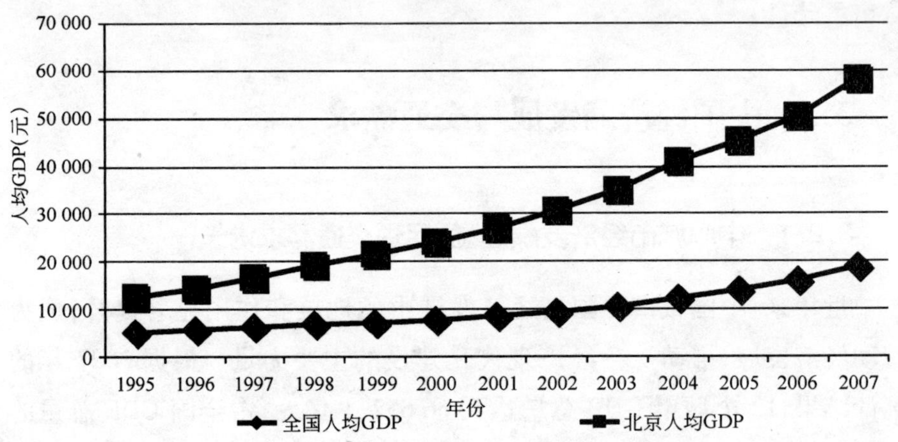

图3-8　北京市历年人均GDP与全国的比较(来源:北京统计年鉴)

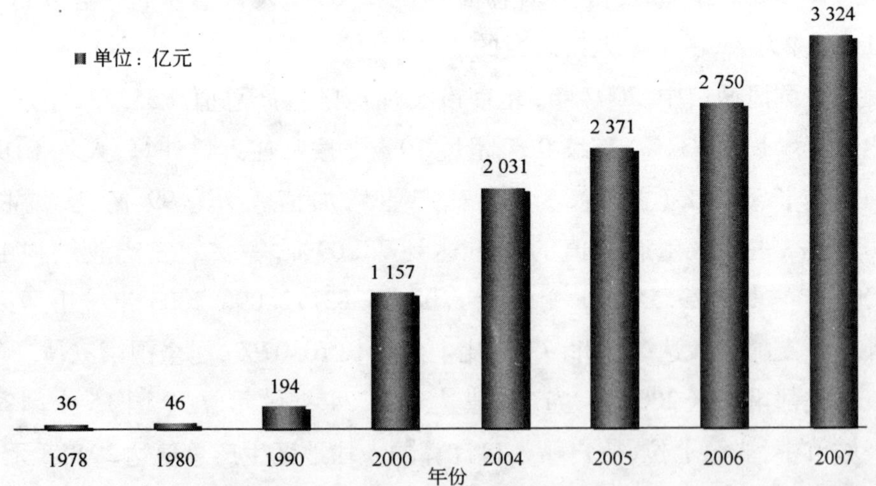

图3-9　成都市历年GDP变化情(数据来源:成都市统计年鉴)

南京市2007年国内生产总值为32 383.73亿元，人均GDP达53 639元；人均GDP年增长率自2000年以来保持在11%以上，近年来超过了

20%。经过几年来产业结构的调整,产业结构渐趋合理。2007 年第一、第二和第三产业增加值在国内生产总值中的比重分比为 2.63%、48.94% 和 48.42%。

上述三个城市的经济发展情况代表了中国城市,特别是中国的中心城市经济发展的趋势。城市经济的快速发展,使城市的积聚效应不断增强,城市规模不断扩大,人流、物流越来越集中、密集,造成城市交通需求剧增,这不仅对城市交通基础设施建设提出了更高的要求,同时也对城市及城市交通规划提出了更高要求。如何实现城市产业及人口居住的合理布局,以及采用什么样的交通模式,对于城市维持长期的高效率运作至关重要。实施 TOD 发展模式有助于中国城市应对现存的问题。

3.2.2 居民可支配收入增加,刺激出行需求

经济的发展使城市居民人均可支配收入的增加,从而促进了人们追逐更高物质生活水平的需求,中国近年来小汽车工业的迅速发展,城市私人小汽车拥有量的快速增加就说明了这一点。此外,收入和生活水平的提高,也使城市居民非工作出行,即娱乐、购物及其他生活出行日益增加,出行次数增加。在居民总出行次数中,上下班出行所占的比例逐步降低。以北京市为例(表 3-2),上下班出行比例已经从 1986 年的 30.17%,下降到 2000 年的 22.2%,而 2002 年更是下降到 18.3%。

北京市居民出行目的结构比较 表 3-2

出行目的	1986 年(%)	2000 年(%)	2002 年(%)	2004 年(%)
上下班	30.17	22.2	18.3	26.32
上学	27.90	6.7	6.4	8.11
回家	26.05	42.8	46.1	46.89
生活	8.57	12.8	13.8	13.67
文化娱乐	1.57	3.6	7.6	0.48
工作外出	3.34	3.5	2.8	2.41

续上表

出 行 目 的	1986 年(%)	2000 年(%)	2002 年(%)	2004 年(%)
回程	1.82	2.7	1.9	1.02
其他	0.58	5.7	2.8	1.1
合计	100	100	100	100

资料来源:北京市综合交通规划。

居民出行次数的增加、居民出行需求的多样化,一方面反映了中国城市居民物质文化水平的提高,另一方面也对城市交通系统提出了更高的要求,进而刺激交通基础设施的加速建设。中国城市交通的发展目前呈现这样一种状况:经济的发展,带动城市人口的大幅增加及城市地域的大幅扩展,也使城市居民的收入水平明显提高,因而促进城市私人汽车数量的不断增加,造成城市道路越来越拥挤,城市政府为解决交通拥堵问题不得不断地扩充道路。然而,居民出行需求增长幅度远远超出城市交通基础设施的供给速度,从而导致城市交通拥堵的不断恶化,使城市交通发展进入了一个恶性循环。

居民生活水平提高,可支配收入增加,必然刺激交通出行的增加,但是如何通过合理的城市规划和通过有效的政策对交通需求进行控制和引导,是中国城市发展所面临的挑战,也是急需解决的问题。

3.2.3　城乡一体化与城市交通发展相互促进

中国是一个“二元经济”结构特色明显的国家。受计划经济体制的影响,中国城乡二元格局的经济体制对交通发展的影响主要表现在两个方面:其一,在交通管理体制上,农村公路由交通部门负责管理,城市道路则由城市建设部门负责管理,形成了交通管理“两张皮”的问题;其二,在财政管理体制上,按照 1994 年确定的分税制财政体制,省以下财政体制基本上按照各级政府事权财权分离、事权财权匹配的原则进行设置,城市道路与乡村道路的建设,分别由市、县二级政府管理,出现了上下级不同步的问题。

随着城市的发展，越来越多的城市人口迁移到了市郊原来属于农村的区域，使城乡成为一体，即形成城乡一体化。这些城市人口居住、消费在那些属于周边郊县管辖的城市郊区，而工作在城市的中心区域，从而产生了城乡一体化下的财权划分问题、财权分配问题，与此同时，人口向郊区的迁移，也影响到社会事业发展的其他方面，如教育、文化、卫生等资源的重组问题、交通发展问题、旅游产业政策问题等，其中交通发展与城乡一体化具有相互促进的作用。交通设施（特别是公共交通设施）的建设，促进了城市向郊区的渗透，而郊区的不断城市化又带动了进一步的交通设施建设。

在城乡一体化进程中，一方面城市与乡村不断融合，城市建成区已经饱和的人口逐渐疏散到城市边缘区，促进当地的经济发展、就业、房地产市场的发展；而另一方面，城市人口移向周边郊县，也给当地的经济和社会带来了一定程度上的冲击。如紧靠北京通州区，距北京天安门30km，距首都机场25km，隶属于河北三河市的燕郊，其城区内有8所大学和20多个国家部属单位；每5～10min就有一趟公交车发往北京；在燕郊，跑在路上或停在小区里的私家车，90%以上都是京字头的牌号；10多万常住人口中，90%以上来自北京。随着大量北京人的入住，当地房价飙升。据报道，该地楼盘60%～90%的房子被北京人买走，2002年以前燕郊的房价仅为1 000多元/m^2，到2006年已经涨到4 000元/m^2，短短4年间翻了两番。虽然北京市民的涌入，给当地的房地产市场带来了巨大的利益，但是这种利益却很难体现在当地居民身上，当地公务员的平均工资在1 000元左右，普通人的收入也远远低于北京市居民的收入。由于北京居民的迁入而带来的房价暴涨，给当地居民带来巨大的购房压力。而由于行政区划上的限制，燕郊不在北京规划管理的范围，也不能得到来自北京的就业机会。固有的城市区划管理方式与城市快速郊区化的现实不协调，使得燕郊这类的城市郊区地位非常尴尬。

城乡区域的融合，带来交通需求的增加，而交通设施，特别是大容量公共交通设施的建设，将会使越来越多的城市遇到燕郊目前所面临的问题。如何解决好城市人口向城郊迁移所带来的冲击，有必要从根本上打破城乡二元结构，打破固有行政区划的限制，真正实现城乡一体化。

小结

中国经济的快速发展为城市交通的发展带来机遇和挑战。一方面，经济发展带来城市交通需求的大幅增加，并引发交通拥堵、环境污染的城市问题；而另一方面，经济发展也为城市带来巨大收益，它使城市政府有更多的资金进行交通设施及其他城市设施的建设。城市地方政府应借助经济发展的动力，加大公共交通设施建设的投入，并按照 TOD 理念所倡导的那样，通过大容量公共交通设施的建设，有效地引导城市的发展及人口的交通需求，进而防止城市交通环境的恶化。而良好的城市交通则是城市经济得以长期、高效和持续发展的重要保障。

3.3 中国的城市交通发展

3.3.1 中国城市道路交通设施建设

近 30 年来，虽然中国城市普遍大幅度增加了道路交通设施建设的速度和规模，但目前中国城市道路交通方面仍面临几个突出的问题。

第一，城市道路的增长速度远远低于机动车增长速度。近几十年来，虽然中国各城市在道路交通设施建设方面投入了巨大资金，道路覆盖面积也有了大幅的增加。但是，在增长速度上，城市道路设施的增长速度远低于机动车的增长速度。如图 3-10 所示，从 2002 年至 2006 年，在民用汽车和载客汽车增长率基本稳定的情况下，相应年份的道路设施

增长率指标却呈逐年下降趋势。

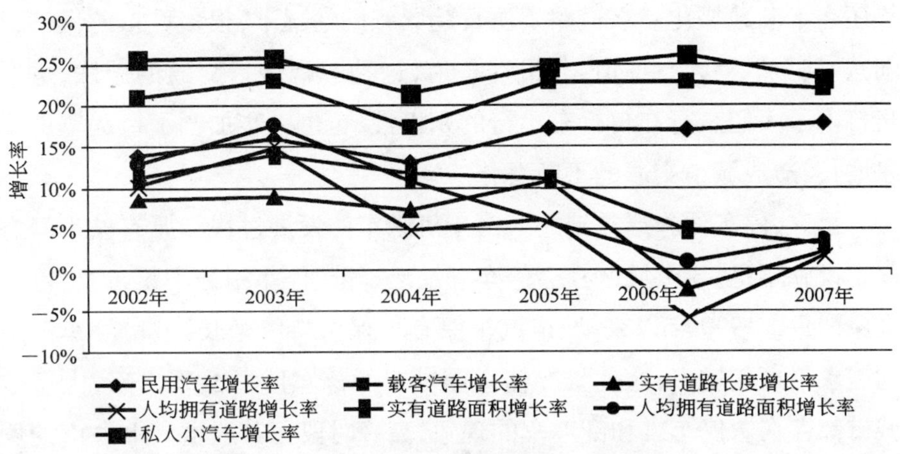

图 3-10　私家车增长率与道路基础设施增长率比较

（数据来源：中国统计年鉴）

城市中用于道路建设的土地是有限的，特别是由于中国是一个人均土地资源十分紧张的发展中国家，中央政府对于 18 亿亩耕地红线更是有严格的控制，城市中不可能以永无休止地修路的方式满足人们永无休止的驾车欲望。国际和国内的实际情况也都证明，道路基础设施的建设步伐不可能跟得上因机动车增加而引发的道路交通需求增长。道路设施的建设将诱使更多人选择小汽车交通，即诱发新的道路交通需求，从而使不断扩充的道路设施很快达到饱和，而道路拥堵则成为常态。2005 ~ 2006 年，中国城市人均拥有道路面积增长速率为 0.92%，而私人小汽车的人均增长率高达31.77%。由此可见，仅靠新修道路来解决城市交通拥堵问题是不可能的，如果不对居高不下的私人机动车增长进行有效控制，而任由其无序增长，现在的交通拥堵局面将仅仅只是一个开始。

第二，忽视自行车和步行交通。中国城市自行车出行比重大，有“自行车王国”的称号，但是在“机动化优先”的原则下，现行的城市道路设计对自行车和步行交通出行重视不够。由于近年来机动车交通飞速发展，使得许多机动车在道路空间不足的情况下驶入原有的自行车道和行人道，致使自行车和步行交通的连续性和安全性受到威胁，而且这种趋势还在不断地恶化。在道路资源日趋紧张的情况下，很多城市的做法是削减、甚至取消人行横道、非机动车道，这种忽视慢行交通的做法，进一步打击了人们步行和自行车出行的积极性，也进一步加剧了机动车的无序增长，造成城市交通的不断恶化。

第三，停车设施严重缺乏。由于机动车的发展过快和原有城市静态停车设施不足，导致城区社会停车场缺乏，配建停车指标不足，占道停车现象严重。1990 年以来，城市汽车保有量保持持续增长，城市停车设施的需求量逐年增多，这种状况使中国城市的停车问题凸现出来，大多数城市都存在着停车难和乱停车的现象，高峰时段尤其严重。上海市的例子就反映了中国城市停车设施现状及其存在问题。

表 3-3 为上海市中心城区分区域配建停车设施状况，其居住区实际配建泊位数比需求数少 5.9 万个，即停车泊位缺口数为 5.9 万个；非居住区停车泊位缺口数为 16.2 万；整个中心城停车泊位缺口数为 22.1 万个，缺口比例为 38%。中心城区配建停车泊位紧张，需要其他停车设施的补充。

2004 年上海市配建停车设施状况 表 3-3

类　别	居 住 区	非 居 住 区	小　计
实际需求泊位数(万个)	26.6	32.4	59.0
实际配建泊位数(万个)	20.7	16.2	36.9
缺口数(万个)	5.9	16.2	22.1
缺口比例(%)	22	50	38

随着城市建设速度的加快，城市土地越来越昂贵，很多城市已是寸土寸金，用大量的土地资源来满足停车位的需求是不现实的，如北京市现有停车位缺口 29 万个，每年新增的轿车在 20 万辆以上，按每个停车位需地面积 $5m^2$ 计算，除解决欠债需停车位面积 145 万 m^2，每年因新增加车辆所需增加的停车位面积约为 100 万 m^2；上海市停车位缺口 85 万

个，需停车面积425万m^2，而每年以新增车辆10万辆计，每年尚需新增停车位面积50万m^2；广州市停车位缺口42万个，需停车面积210万m^2，若每年新增小汽车10万辆，每年需新增停车位面积50万m^2。中国城市人口多，人均土地面积小，如果用如此大的土地面积来建停车场，肯定是行不通的。城市停车位的短缺，已经成为一个摆在中国城市，尤其是大城市面前的严重问题。

总结中国城市道路交通设施建设面临的问题，归根结底就是一个问题，那就是中国城市的交通发展带有盲目性，因而造成新问题不断出现，并形成恶性循环。其原因，一方面是因为近几十年来，中国经济发展的突飞猛进带动城市的飞速发展，使得新旧城市形态之间产生冲突；另一方面，就是在城市开发和建设中，没有注重城市与城市交通的协调发展，城市交通发展缺乏长远战略考量和整体的、科学的规划。

3.3.2 中国城市公共交通的发展及现状

虽然近年来国家对公共交通事业的发展越来越重视，但发展速度整体上还是比较缓慢。在"全国优先发展城市公共交通工作会议"上，原建设部部长汪光焘指出："中国城市公共交通建设严重滞后的局面没有得到根本的改变，居民对城市公交服务的不满意率高达70%。"

在过去二十几年中，公共交通一直处在城市交通发展中的劣势位置。图3-11显示，2000~2006年公交汽电车的增长远远落后于私有客运车辆的增长，而且这种差距更是有扩大的趋势。

从政策层面上看，近年来，一些地方出现了因片面追求经济效益，而忽视公共交通事业发展的问题，一些地方政府甚至采取了"将公交线路一卖了之、放任不管"、"线路经营权私下倒卖"、"挂靠经营、个人承包"等不负责任的做法。在"全国优先发展城市公共交通工作会议"上，汪光焘强调："城市公共交通改革引入市场机制，决不应当是政府甩包袱、卸责任!"

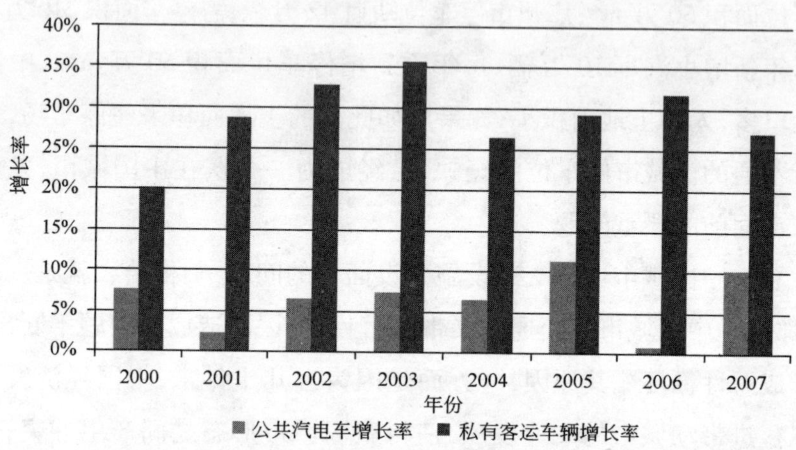

图3-11 公交汽电车与私有客运车辆的增长率变化趋势

(数据来源:中国统计年鉴)

地方政府对公共交通缺乏重视也表现在投资策略上,同用于道路桥梁等基础设施建设的投资相比,用于公共交通事业的投资少得可怜,在2002~2003年度甚至出现负增长,而且这种投资差距还有继续拉大的趋势,如表3-4所示。

全国城市公共交通投资与其他投资对比表(单位:亿元) 表3-4

指　标	本年固定资产投资总额	公共交通		道路桥梁	
		总额	比例	总额	比例
2000年	1 890.7	155.7	8.24%	737.7	39.02%
2001年	2 351.9	194.9	8.29%	856.4	36.41%
2002年	3 123.2	293.8	9.41%	1 182.2	37.85%
2003年	4 462.4	281.9	6.32%	2 041.4	45.75%
2004年	4 762.2	328.5	6.90%	2 128.7	44.70%
2005年	5 602.0	476.7	8.51%	2 543.2	45.40%
2006年	5 765.1	604.0	10.48%	2 999.9	52.04%
2007年	6 418.9	852.4	13.28%	2 989.0	46.57%

资料来源:中国城市建设统计年鉴2007。

由于过去10年中用于公交的资金投入太少，导致公共交通设施整体服务水平较低，而大容量快速交通也因为规模过小，所承担的出行量不足5%。反观国外主要城市快速轨道线网规模均在200km以上，一般承担出行量为30%～50%，东京等城市更是由轨道交通承担了90%以上的出行。

然而，无可否认的事实是，就城市发展而言，发展公共交通的优势远远大于发展私人汽车。依据法国的数据，按乘客计，轨道交通和公共汽车在行驶时占用的动态空间分别是小汽车的1/4和1/8，而在停车时占用的静态空间分别是小汽车的1/26.7和1/8（表3-5）。近年来，由于经济的快速发展，加之政策上的一些偏差，使得中国城市的机动车数量增加过于迅猛，而公交出行的分担率却相对较低。目前中国城市公交出行的平均分担率不足10%，大城市也仅有20%左右。2006年，在相关调查的几个大中城市中，仅有天津和深圳的公交分担率超过30%。

各种运输工具的比较　　表3-5

交通工具	高峰时乘客数（人）	停车面积（m^2）	每位乘客停车面积（m^2）	行驶或行走时通过面积（$m^2 \times h$）	行驶或行走每位乘客所占面积（$m^2 \times h$）
步行	1	0	0.3	0.4	0.4
自行车	1	1.5	1.5	1.5	1.5
小汽车	1.25	10	8.0	3.0	2.4
公共汽车	30	30	1.0	9.0	0.3
轨道交通	1 800	540	0.3	1 200	0.67

资料来源：皮埃尔梅兰. 城市交通。

公共交通分担率低，主要原因是其服务质量得不到保障（图3-12）。2007年9月22日，世界无车日的前一天，由北京8家环保组织联合进行的公共交通满意度调查结果公布。这项调查样本为3 000人，涉及使用公交、自行车、步行、自驾车等方式出行的各种人群的调查中，车次问题被公认为目前公交系统最应改进的地方，并且有78%的被访者认为公交车十分拥挤。

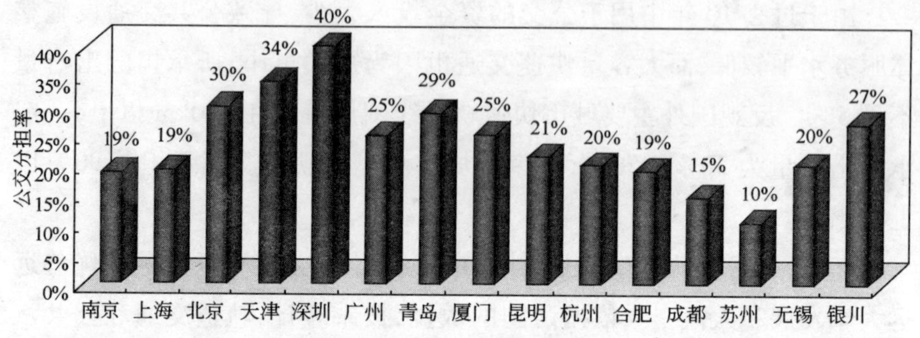

图 3-12　2006 年几个主要城市的公交分担率

公共交通服务质量的低劣，使得公共交通同私人小汽车交通之间的竞争力缺乏。一些有经济条件的人，因为不满意现有公共交通系统的服务质量，转而通过私家车出行，造成公共交通的分担率进一步降低。而小汽车出行分担率的增高又加重了城市交通的日趋拥挤，造成公共交通电汽车更加不能按时到站，服务质量进一步降低，从而城市公共交通分担率进一步下降的恶性循环。

从国家对公共交通固定资产的投资情况来看（图 3-13），虽然投资力度有所起伏，但总体趋势是逐步增加的。2006 年 12 月 1 日，原建设部、发改委、财政部、劳动和社会保障部《关于优先发展城市公共交通若干经济政策的意见》（简称《意见》），要求各地加大城市公共交通的投入，并完善各项补贴《意见》。明确指出城市公共交通的投入要坚持以政府投入为主，城市公共交通发展要纳入公共财政体系，并建立健全城市公共交通投入、补贴和补偿机制，统筹安排，重点扶持。该意见认为城市公共交通是与人民群众生产生活息息相关的重要基础设施和关系国计民生的社会公益事业。该意见也首次提出了要开拓多元化投资渠道，在地方公共财政投入的基础上，各地要按照市政公用事业改革的总体要求，鼓励社会资本（包括境外资本）以合资、合作或委托经营等方式参与城市公共交通投资、建设和经营，通过实施特许经营制度，逐步形成国有

主导、多方参与、规模经营、有序竞争的格局。

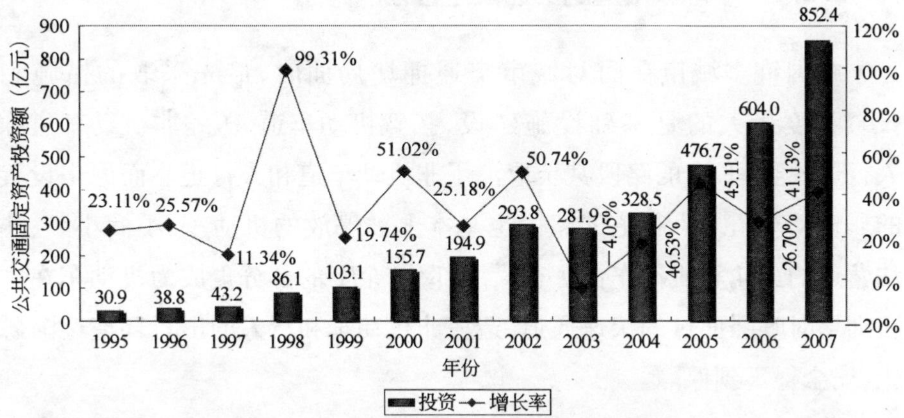

图3-13 全国历年公共交通固定资产投资额

（资料来源：2007 中国城市建设统计年报）

图3-14显示历年公共交通车辆数量的变化。2007年底，全国城市共有公共汽车、电车、轨道交通车辆34.8万辆，其中公共汽、电车34.4万辆。2007年的汽电轨车辆比2006年增长10.26%，2000～2007年年平均增长率为6.26%。2007年底，全国城市出租车95.97万辆，2000～2007年年平均增长率2.18%。

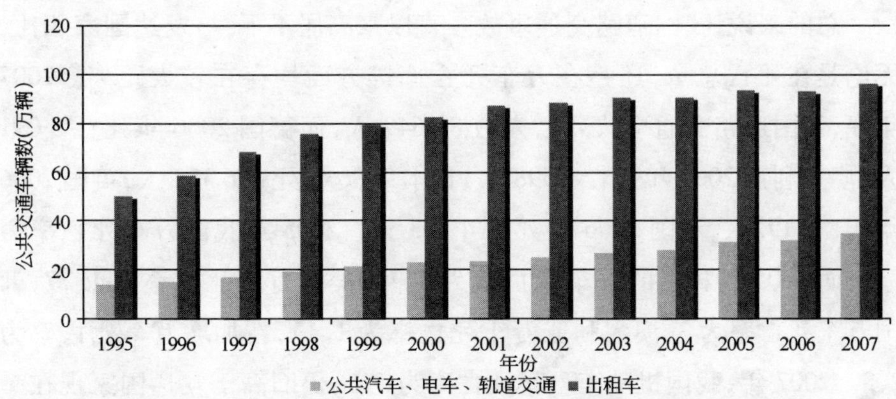

图3-14 历年全国城市公共交通车辆数变化图

（资料来源：中国城市统计年鉴）

3.3.3 中国城市道路交通安全存在的隐患

中国许多城市在面对城市交通拥堵局面时,最先采取的措施和投资力度最大的是基础设施建设,拓宽机动车道,压缩非机动车道和人行道的空间,有的路段甚至取消了非机动车道和人行道。而原来设置的非机动车道及人行道的路段也基本上被停放的机动车、小商小贩、非法营运的三轮和机动车占去很大一部分,余下的部分也成为机动车在主路拥堵时呼啸而过的快速通道,造成非机动车和行人的出行环境逐渐恶化,安全得不到保障。

此外,伴随着小汽车拥有量的迅猛增长,带来了驾驶员熟练程度不一的问题,给交通安全带来了极大的隐患,特别是那些新领取驾驶牌照的私家车驾驶员,由于在驾驶执照发放过程中,在驾驶熟练程度、交通法规了解程度等方面监管不严格,非常有可能使一些新驾驶员变为城市交通的“马路炸弹”。据统计,2004 年在北京市的机动车造成的交通事故和死亡人数中,小型客运车辆所占比率最高,分别为 44.13% 和 34.89%。

总的来说,我国道路交通事故一直以来高居不下,与发达国家相比,无论是在死亡总量,还是在万车死亡率等方面均存在较大距离。2007 年底,我国道路交通事故死亡人数 81 649 人,而德国 2006 年死亡 5 091 人,澳大利亚 2006 年死亡 1 598 人,日本 2006 年死亡 6 352 人,英国 2006 年死亡3 172人,法国 2006 年死亡 4 703 人。2005 年我国万车死亡率为 7.6,而 2005 年日本的万车死亡率为 0.76,美国万车死亡率为 1.77,韩国万车死亡率为 3,澳大利亚万车死亡率为 1.17,新加坡万车死亡率为 2.3。2007 年,我国机动车万车死亡率为 5.1,仍旧高于发达国家现在平均水平的 5 ~8 倍。交通事故带来的经济损失和社会损失也一直高居不下,见表 3-6 和表 3-7。

全国近年交通事故损失的统计情况　　表 3-6

年　份	交通事故死亡人数(万人)	受伤人数(万人)	直接财产损失(亿元)
2000	9.4	41.8	26.7
2001	10.6	54.6	30.9
2002	10.9	56.2	33.3
2003	10.4	49.4	33.7
2004	9.9	45.2	27.7
2005	9.87	46.99	18.8
2006	8.94	43.11	14.9
2007	8.16	38	11.99

资料来源:《中国汽车工业年鉴 2008》。

中国 2005 ~ 2007 年直辖市、省会市、计划单列市交通事故情况统计　表 3-7

项目 / 年份	事故起数		死亡人数		受伤人数		直接财产损失	
	数量(起)	同比(%)	数量(人)	同比(%)	数量(人)	同比(%)	数量(元)	同比(%)
2005	128 146	-24.65	21 869	-8.37	130 012	-6.78	532 170 229	-32.79
2006	105 118	-17.97	19 894	-9.03	118 361	-8.96	389 520 137	-26.81
2007	93 687	-10.87	18 892	-5.04	108 102	-8.67	309 649 470	-20.50

资料来源:《中国交通年鉴》。

此外,伴随着小汽车迅猛增长,带来了驾驶员熟练程度不一的问题,给交通安全带来了极大的隐患,特别是那些新领取驾驶牌照的私家车驾驶员,由于在驾驶执照发放过程中在驾驶熟练程度、交通法规了解程度等方面监管不严格,非常有可能使一些新驾驶员变为城市交通的“马路炸弹”。据统计,2004 年在北京市机动车造成的交通事故和死亡人数中,小型客运车辆所占比率最高,分别为 44.13% 和 34.89% 。

交通事故不仅仅体现在道路交通方面,在市区,城市交通事故也是高居不下,成为近年来中国城市交通方面不容忽视的问题,其带来的经济损失和社会损失不容忽视。以广州和济南两个大城市为例,市区的交通事故数量、死伤人数、死亡人数和损失折款都几乎都达到 60% 以上,见表 3-8 和 3-9。广州和济南两个城市基本上代表了我国特大城市交通安全的状况;以连云港市为例,上述四项指标处于30%左右,与广州和济南相比,所占比重较小,见表3-10,也基本反映了我国大城市的城市交通安全状况。从三个城市发展历程来看,近些年交通安全的四项指标有上升趋势,这已经是不争的事实。

广州市2000~2005年交通事故情况统计 表3-8

年 份	范围与比例	交通事故(起)	死伤人数(人)	死亡人数(人)	损失折款(万元)
2000	全市	15 304	16 772	1 714	5 976
	市区	10 415	11 315	1 275	4 598
	比例	68.05%	67.46%	74.39%	76.94%
2001	全市	11 351	13 780	1 848	6 075
	市区	8 643	12 154	1 339	5 020
	比例	76.14%	88.20%	72.46%	82.63%
2002	全市	13 400	16 452	1 913	7 638
	市区	11 054	13 165	1 359	6 570
	比例	82.49%	80.02%	71.04%	86.02%
2003	全市	11 565	15 210	1 718	4 751
	市区	9 879	12 847	1 289	4 115
	比例	85.42%	84.46%	75.03%	86.61%
2004	全市	9 930	13 480	1 813	3 661
	市区	8 713	11 583	1 382	3 179
	比例	87.74%	85.93%	76.23%	86.83%
2005	全市	8 809	12 033	1 739	3 194
	市区	7 910	10 575	1 298	2 790
	比例	89.79%	87.88%	74.64%	87.35%

资料来源:《广州统计年鉴》。

济南市2000~2006年交通事故情况统计 表3-9

年 份	范围与比例	交通事故(起)	死伤人数(人)	死亡人数(人)	损失折款(万元)
2001	全市	1 394	1 582	468	372
	市区	912	997	306	203
	比例	65.42%	63.02%	65.38%	54.57%

续上表

年　份	范围与比例	交通事故(起)	死伤人数(人)	死亡人数(人)	损失折款(万元)
2002	全市	1 263	1 579	458	341
	市区	878	1 063	275	192
	比例	69.52%	67.32%	60.04%	56.30%
2003	全市	1 034	1 402	452	263
	市区	747	982	315	146
	比例	72.24%	70.04%	69.69%	55.51%
2004	全市	922	1 310	435	368
	市区	744	1 044	321	251
	比例	80.69%	79.69%	73.79%	68.21%
2006	全市	1 034	1 431	342	292
	市区	859	1 146	249	237.4
	比例	83.08%	80.08%	72.81%	81.30%

资料来源:《济南统计年鉴》。

连云港市 2000～2004 年交通事故情况统计　　表 3-10

年　份	范围与比例	交通事故(起)	死伤人数(人)	死亡人数(人)	损失折款(万元)
2000	全市	2 501	2 100	379	901.23
	市区	795	576	68	313.04
	比例	31.79%	27.43%	17.94%	34.73%
2001	全市	2 060	1 934	318	748
	市区	715	577	68	268
	比例	34.71%	29.83%	21.38%	35.83%
2003	全市	1 106	313	1 226	531
	市区	337	70	427	112
	比例	30.47%	22.36%	34.83%	21.09%
2004	全市	841	853	294	365.1
	市区	320	322	78	91.16
	比例	38.05%	37.75%	26.53%	24.97%

资料来源:《连云港统计年鉴》。

小结

中国城市交通发展的现状说明，中国城市交通目前的发展缺乏整体、科学、有序的规划和制约，处于一种较为盲目发展和缺乏秩序的局面。为使城市交通的状况能够根本改观，重要的是要有一个可持续的交通发展政策和系统科学的城市及交通规划，其中重要的是要进一步注重发展公共交通，并将公共交通的发展与城市的整体发展相协调和统一，同时采取措施限制私人汽车使用的过快增加，从而引导越来越多的人以公交为交通工具。TOD 理念对于中国未来城市交通的发展具有指导意义。

第4章 TOD与中国

城市的快速发展以及交通机动化水平的大幅提高,使得中国城市普遍面临交通拥堵的问题。虽然近二十多年来各级政府在改善城市交通方面投资巨大,但结果却是交通状况日益恶化。其主要原因是机动车的发展带有很大的盲目性,政府对交通需求缺乏有效和得力的控制措施,因而使得交通设施的建设及供给远远跟不上交通需求的增加。近些年,中国政府已经充分意识到,单靠修建道路永远不可能解决城市道路的拥堵问题,改善城市交通的根本出路在于发展公共交通,特别是大容量的公共交通系统。

中国目前在城市交通方面所遇到的问题,一方面是交通系统本身的问题,而另一方面也是城市功能布局不合理的问题,如新建的许多开发区、工业园,以及功能单一的住宅区,一方面造成居民工作生活的不便,同时也极大地增加了城市居民的日常交通需求,造成城市交通系统的进一步压力。

这些问题都说明,中国要想解决城市交通的问题,必须从根本上,即从城市功能布局的角度来考虑问题,并将公共交通作为城市交通的主体,对私人汽车实行比较严格的限制,减少其使用量,这些正是TOD理念的要点所在。

中国的城市及城市交通的发展需要走上一条更为科学、有序和可持续之路，而TOD所引导的就是这样一条道路。

4.1 中国的城市和交通发展需要TOD

中国城市的快速发展引发许多城市问题，如交通拥堵、环境污染、城市无序扩张、城市土地功能布局不合理等，而这些正是TOD理念所针对和旨在解决的问题。因此，中国的城市及城市交通发展需要TOD理念来指导。

4.1.1 中国城市交通拥堵问题日趋严重

城市的快速扩展以及汽车数量的快速增加，导致全国城市居民平均出行时间增长，特别是在大型、特大型城市，市民将越来越多的时间花在上下班的途中（表4-1）。

平均出行时耗与城市规模 表4-1

城市分组	非农业人口（万人）	城市个数	平均出行时耗(min)	出行总时耗(min)
小城市	<20	3	17.23	54.49
中等城市	20~50	14	18.21	52.26
大城市	50~100	16	19.92	52.84
特大城市	100~200	19	24.62	53.61
超大城市	≥200	14	28.15	62.97
合计		66	22.52	55.16

资料来源：中国城市居民出行特征研究，博士学位论文，毛海虓

以北京市为例，2000~2005年的5年中，北京市中心城区主要干道高峰小时平均负荷度由0.86上升到0.9，车辆平均出行时间明显增加。城市道路交通负荷度日益增加，市区机动车出行总量已达到415万车次/日，中心城区道路全日交通量从2003~2005年3年来平均年递增长12.8%，二环路全日平均车流量年增长16.6%，三环路全日平均车流量

年增长20.7%，二、三、四环路全天大部分流量均超过20万辆，接近饱和状态(图4-1)。与此同时，交通出行高峰时段提前并有所延长，高峰与平峰交通量的差距逐渐缩小。小客车和出租车占据了北京市道路上运行车辆的绝大部分，所占比例分别为小汽车60%以上，出租车约15%。在四环路及以内路段，这两种车辆的总和占80%以上，而在五环路上其比例明显下降，货车比例明显增加。

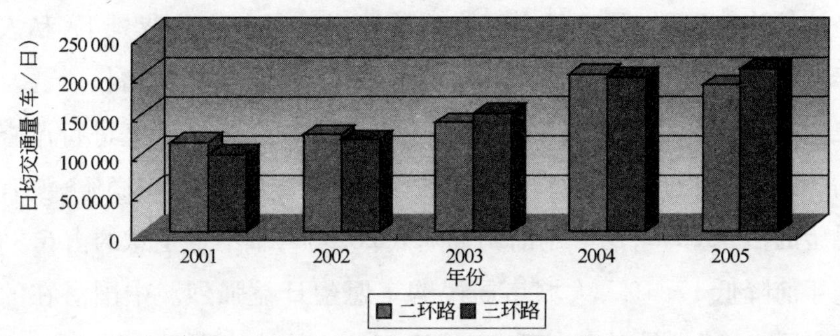

图4-1　北京二环和三环路道路交通流量变化情况

资料来源：北京市交通发展年度报告。

另以上海市为例。上海市是中国最大的城市，伴随着浦东新区的开发建设，经济发展迅猛。为了解决随着经济发展带来的市区内交通拥堵问题，上海市将内环线改造为全程高架的形式，然而内环高架系统开通不久就出现了交通拥堵的状况，平均饱和度高达0.91，特别是高峰时段在进出高架系统的匝道处更是交通拥堵的重灾区，“三纵三横”等主干道平均行程车速在15km/h以下的道路占总里程的43.5%。

目前在中国，交通拥堵已不仅仅发生在北京、上海这样的特大城市，在许多大中型城市也都非常普遍，而东南沿海一带甚至很多县级市上下班高峰时段也出现交通拥堵。

交通拥堵是多方面原因造成的。首先，城市的扩张，使得出行距离增长，由于高效率、大容量公交系统的不足，使得人们为了缩短行程时间而越来越多地选择以私家车作为出行工具；其次，随着汽车的不断增加，道路负荷越来越重，造成车辆行驶缓慢，从而使在单位时间段内道路上行驶了更多的车辆，进一步加重道路负荷，形成恶性循环。因此，车辆的迅速增加是造成道路越来越拥堵的根源。而中国目前的经济发展形势及国家政策，又使得机动车的快速增加成为必然。

目前，中国对汽车工业采取鼓励政策。加入 WTO 也使得进口汽车的关税放低，加剧市场竞争，造成小汽车价格的大幅下降。与此同时，随着经济的快速发展，居民可支配收入持续增加。在这种背景下，私人小汽车的拥有量、小汽车在居民出行方式中的比重都在持续增长。

据国家统计局2000 年对北京、上海、广州 900 余个家庭进行调查显示，有购车愿望的居民占 52.6%，比一年前调查时增加 44.5%；没有购车愿望的占 40.6%，比一年前调查降低 26.9%，拿不定主意的占 6.8%，比一年前降低 17.4%，大城市居民购车愿望日益强烈。中国潜在的购车能力巨大，特别是对于东部、南部经济发达的地区更是如此。2004 年中国政府启用了一项新的汽车业政策，鼓励加大汽车工业的投资和发展，以满足国内对汽车的需求，并能够在 2010 年前大规模地进入国际市场。这一政策使得市场竞争日趋激烈，汽车制造商们拉开了持久的价格战，从另一方面增加了城市家庭购买汽车的可能。

据国家统计局有关数据显示，截至 2007 年底，全国汽车保有量约为 4 358余万辆，其中私人汽车保有量达 2 876.22 万辆，约占全国汽车保有量的 65.99%。在 2007 年，中国的年度汽车产量达到 888.24 万辆，比上年增长了 22.02%。以北京为例，“十五”期间，北京市机动车保有量平均年递增 11.4%，截至 2006 年 5 月 25 日，北京市机动车已突破 300 万辆，基本上保持每日新增 1 000 辆左右。据估计，到 2020 年中国的汽车总数将达到 1.31 亿辆。

北京市是居民出行机动化比例比较高的城市。“十五”期间，北京全市居民日出行量迅速增长，平均年递增 4%，2005 年底已达到 2 830 万人次/日(不含步行出行量);中心城地区道路全日交通量近 3 年增长更为迅猛,累计增加 43.5%,平均年递增 12.8%,市区机动车出行总量已达到 415 万车次/日。据北京市 2007 年发布的交通年度报告,2006 ~ 2007 年度小汽车的出行方式是北京市居民出行方式中分担率最高,同时也是增长最快的交通方式。

汽车数量的过快增加造成对道路需求的大幅增加,虽然各城市近些年都在道路设施建设上投资巨大,但机车增加的速度远远超过道路建设的速度,道路拥堵因而越来越严重。要解决中国城市交通拥堵的问题,有必要以 TOD 理念为指导,从根本上缓解决交通需求的过快增长。

4.1.2 中国城市以“摊大饼”状无序蔓延

出行机动化的直接后果就是居民的出行距离大大增加了。机动化大大延伸了人们对出行距离的期望值。居民出行机动化与居民出行距离增长是相辅相成、相互影响的关系。一方面,城市建成区面积扩展、城市商业经济活动日益频繁、城市资源在市场经济条件下自由分配等因素导致了城市居民出行距离的增长,而长距离的出行刺激了居民从步行、自行车等出行方式转变为机动化的出行方式(表 4-2);另一方面,居民出行机动化从时间上拉近了城市间、城市内部不同区位之间的距离,使得长距离的出行越来越容易,越来越普遍。

北京市 2006 年和 2007 年出行方式构成对比表 表 4-2

项　目	2006 年结构	2007 年结构	变　化
公共电汽车	24.40%	24.10%	0.30%
地铁	5.80%	5.70%	0.10%
出租车	8.10%	7.60%	0.50%
小汽车	31.60%	29.80%	1.80%
班车	2.40%	2.50%	-0.10%
自行车	27.70%	30.30%	-2.60%
合计	100.00%	100.00%	

资料来源:北京市交通年度报告 2007。

据杭州市2000年调查,使用私人小客车的居民与使用自行车的居民相比较,前者的平均出行距离约是后者的2倍,平均出行时耗约是后者的1.3倍,而使用单位公家车的居民其平均出行距离和平均出行时耗则更长。

出行机动化加快了城市摊大饼式的扩张。由于城市化进程的加快,城市建成区面积加大,城市边缘各种功能的土地开发强度不断增强。以北京为例,20世纪90年代以来,北京城市边缘住宅区迅速发展。根据北京市房地产网京城住宅总汇统计,北京二环路以内开发的住宅小区占其统计总数的4.3%,二环路到三环路之间开发的住宅小区占24%,三环路到四环路之间开发的住宅小区占其统计总数的31%,四环路以外开发的住宅小区高达40.7%。大量市民居住在城市的边缘地带却要在市中心工作,每天往来于城市边缘的住宅区和城市中心的商务区之间,做钟摆式的运动。而出行距离的增长也同时进一步刺激了居民选择小汽车出行方式。

中国城市的发展形成了这样一个城市规律:经济的发展促使城市人口增加、城市规模扩大,同时它也使人们的收入水平大幅提高。因此,越来越多的居民能够有能力购买小汽车,并居住于远离市中心的郊区,而这种选择进一步带动了郊区的开发,从而使城市呈“摊大饼”状不断蔓延。

城市的发展必然伴随城市地域的扩充,在这个过程中,应防止城市扩展的盲目性。因此,有必要以TOD理念为指导,从而使城市的扩展更为有序和具有可持续性。

4.1.3 中国城市土地开发性质单一,缺乏混合利用

随着中国城市化速度的加快,城市建成区的人口饱和导致住宅紧张,同时,飞速的经济发展和土地价格因素的介入,刺激了城市边缘区的

土地开发。城市边缘区的房地产开发，形成了一些大规模的居住区。这些住宅区，由于缺乏统筹规划，土地混合开发的力度不够，往往从建成的那天起就成了“卧城”的代名词，由此所造成的“潮汐式”交通问题在大城市相当普遍。

以北京市为例。1993 年以后，北京城市边缘区的住宅建设量增长迅速，在京郊的卫星城黄村、通州、顺义、良乡等地建设了许多新的住宅区。但是由于这些卫星城规划的功能单一，许多卫星城成了“卧城”，大量居住于这些卫星城的人口，其工作岗位都在市中心，因此每天上下班通勤需要往返于市中心与城市郊区之间，做钟摆式的运动。可以说，现有卫星城没有发挥出应有的疏散市中心交通压力的作用。

相对于土地产权比较复杂，且规模较小的城市中心居住区，在土地产权较为单一以及城市路网稀疏的城市边缘区，居住区的占地规模相当大，一般达到了 20 ~ 40hm^2，有的达到了 100hm^2 以上。这些居住区一般位于城市干道包囊的范围内，出于安全、环境方面的考虑，特别强调禁止外部车辆随意进出居住区内部。这些居住区的规划也缺乏与周边城市道路交通系统的配合，其道路设施仅以满足本居住区内的需求为目标，结果造成每个大型居住区自成一体，内部道路交通设施与外界主干路网被人为隔离，不能被城市所利用，公交交通线路也不能深入居住区内部，无法为居住区居民提供有效的公交服务。

由于没有很好的公交服务，再加之距离市区较远、车位较为充足等因素，居民很容易选择购买小汽车，以小汽车作为日常出行的方式。而由于道路系统缺乏支路网资源，居民区内部的路网不能承担舒解城市交通的功能，而每个居住区所产生的巨大交通量却直接填充到周边城市干路上，更加重了城市周边通向市区的主干道的交通拥堵情况。如位于北京市北五环外，现有 20 多万居民，居住面积达 500 多万平方米的北京天通苑社区，通向市区只有一条主干道立汤路，虽然立汤路规划了双向 6

车道,设计通行能力达7 500 辆/h,但每到上下班高峰,各居民小区通向立汤路的交叉口往往堵的水泄不通,立水桥等主要交叉口平均等待时间超过15min,交通拥堵十分严重。

另一方面,单一功能的社区也不利于公共及交通的发展和运作。比如北京边缘的回龙观居住区虽有北京 13 号线轨道交通相连,但潮汐式的交通流向,导致轨道交通在高峰期双向行驶极不平衡,造成一个方向拥挤到上不去车,而另一个方向却无人乘坐的非常不合理的局面。

除了住宅区功能单一外,中国城市边缘新开发的"工业园"、"开发区"等,同样存在功能单一的问题。在建设"开发区"的热潮中,一个个"产业开发区"仓促审批、建设,它们不但侵占了大量的耕地资源,也带来了一系列的社会问题。以功能单一为特点的城市边缘的新开发区,产生大量的往返于开发区与其他生活居住区的交通需求,对城市交通的健康发展带来不利影响。

可以想象,如果能够建设 TOD 理念所倡导的多功能平衡社区,中国城市的交通问题将在很大程度上得到缓解。

4.1.4 中国城市居民的居住环境尚待改善

目前中国城市居民的居住环境还不够理想。

首先是中心区居住环境欠佳。大多数旧城区房屋低矮老旧,城市基础设施老化,道路坑坑洼洼。同时,老城区居民收入状况与城市经济发展脱节,居民生活质量得不到有效的提高,一些沿海城市的老城区居民区缺乏统一有效的管理,外来人口多,各种犯罪行为时有发生。城市的不断扩张,使旧城改造成为了许多城市最为棘手的问题之一。

而在新城区的建设中,由于土地开发性质单一导致了新城缺乏宜居环境,这方面的例子以北京城五环路外的一些卫星城的建设所反映出的问题为代表。如天通苑、回龙观这些大型的居民社区,在那里居住的居民每个工作日都要往返于城区的工作单位和城市外的住家,做“钟摆式”的运动。虽然这些大型社区一般都与轨道线路相连接,但轨道交通其实只是为这些居民区提供了一个到城里上班的快速走廊。轨道线路周边的土地缺少联合开发,除居住外,零售业、医院、学校等配套设施严重缺乏。这一方面是由于规划方面的欠缺,另一方面则是因为在住宅区的开发建设过程中,开发商以谋取利益为考量,并没有按照原有的规划和设计建设相关设施,造成轨道站点周边区域除了一栋栋拔地而起的高楼,就是光秃秃裸露的黄土、横七竖八的电线杆、横冲直撞的黑车。城郊轨道站点周边没有为居民提供一个安全、舒适、便捷的社区环境。

此外,环境污染也在不断恶化居民的居住环境。近年来由于机动车的大幅增加,机动车尾气和噪声已成为各国大中城市的主要污染源。联合国人类住区规划署《2006 至 2007 世界城市状况报告》中指出世界上污染最严重的 20 个城市当中,有 16 个在中国。此外,中国也是仅次于美国的世界第二大温室气体排放国。目前,中国许多大中城市的大气污染正经历着由煤烟型向机动车尾气型的转化,一些大城市机动车排放的污染物对多项大气污染指标的贡献率已达到 60% 以上,北京 70% 的空气污染来自汽车的废气排放。交通污染治理已成为城市大气环境治理的主要内容之一。据统计,2004 年,北京、上海、广州等城市机动车排放有害气体在大气污染物中所占比例分别为 80%、75%、68%,有害颗粒物比例平均在 50% 以上,成为这些城市第一大空气污染源。城市主要道路两侧的噪声污染也不断加剧,全国 80% 以上大城市交通干线噪声超标(大于 70dB),严重影响了居民休息、教育和文化活动。

TOD 理念的要点是建设以公交为主导的高质量社区。以 TOD 为指导,建设多功能优雅社区,将使人们的生活更方便、更舒适,并减少人们的交通需求,特别是减少私人汽车使用需求,这无疑将有助于改善中国居民目前的生活环境和状况。

4.1.5 中国城市交通发展还没有形成以公交为主导的局面

目前，中国城市公交出行的分担率相对较低。近年来随着机动车的迅猛增长，更使城市公交发展受到冲击，城市公交出行的平均分担率不足10%。大城市也仅有20%左右。

中国幅员辽阔，但人均可利用土地资源及石油资源却很匮乏，发展小汽车将使越来越多的宝贵土地为公路所占据，而地球上的石油资源也将越来越快地被耗尽，因此这是一条不可持续发展的道路。由于中国人口众多，如果按照一些发达国家家庭汽车拥有率作参照来衡量，中国目前的私人汽车拥有率也许并不是很高，但是任由私人汽车无限制发展是非常不切实际的。从汽车拥有率来看，美国为600 辆/千人；新加坡为100 辆/千人；曼谷为200 辆/千人，而曼谷的高汽车拥有率已经使其城市交通处于崩溃的边缘。有报道讥笑说，现在曼谷的交通警察不仅要知道怎样指挥交通，还要知道怎样接生，因为交通的拥堵，造成孕妇被堵在路上不能及时到医院生产，而需向交通警求助的情况时有发生。相对曼谷来说，中国主要城市的人口密度更大，如果任由汽车数量随意增加，后果不堪设想。

2006 年 12 月 27 日，在北京奥运新闻中心举行的“优先发展公共交通缓解交通拥堵”新闻发布会上，时任北京市交通委员会副主任的刘小明指出：“小汽车的道路负荷是公共交通的5～6 倍。在承担相同出行量的情况下，小汽车却占去了道路资源的68.9%，而公交车只占10.2%。”根据北京市2005 年进行的全市居民出行调查显示，小汽车在居民出行总量中的比率从2000 年的23.2%上升到2005 年的29.8%；公交车出行比率从2000 年的26.5%上升到2005 年的29.8%。小汽车出行的增长是同期公共交通出行增长的2 倍。正如刘小明主任所说，北京市在交通方面的努力被不断上涨的机动车数量所掩盖了。

在中国,城市人口密度非常高,解决城市交通问题的最佳途径,或者说是唯一途径,是发展公共交通。中国各级政府有必要参考国内外一些成功城市的经验,在进行公交设施建设的同时,注重从城市规划的角度考虑城市交通问题,通过城市的合理布局,减少人们的交通需求。与此同时,还应出台相应的政策,控制和引导小汽车的使用,使公共交通成为人们最优先选择的交通方式。

小结

经济的快速发展带动中国城市的快速发展,同时也带给中国西方式的"城市病"。要想改变目前面临的城市无序蔓延、交通拥堵和环境污染等问题,中国有必要采用 TOD 理念,通过合理的城市规划及大力发展公共交通,为人们提供便于使用公共交通的、多功能、高质量的社区,从而减少人们的交通需求,并使更多的人选择公共交通而不是私人汽车作为其主要出行方式,促进城市的可持续发展。

4.2　建设大容量公交系统是实施 TOD 的前提

TOD 的要点是城市沿着大容量公交线路进行高密度和多功能的开发。因此大容量公交线路的建设是中国实施 TOD 的前提。中国人口众多,大城市数量多,城市人口密度高。为解决大规模人口的日常交通问题,发展高容量的快速公共交通系统势在必行。20 世纪 80 年代以前,由于中国社会经济发展水平比较低,交通拥堵的问题也不很突出,因此公共交通主要采用公共汽车和电车。20 世纪 90 年代后,随着城市的快速发展,交通问题已经变得越来越突出,发展大容量公共交通也成为城市交通发展的一种必然趋势。

4.2.1　中国轨道交通的建设和发展

中国城市越来越严重的交通拥堵问题使得城市的管理者对轨道交

通建设的关注度不断提高。各大城市加大轨道交通的建设，轨道交通的线网长度不断增加，客运总量明显增加，轨道交通已成为城市公共交通的一个重要组成部分（图4-2）。

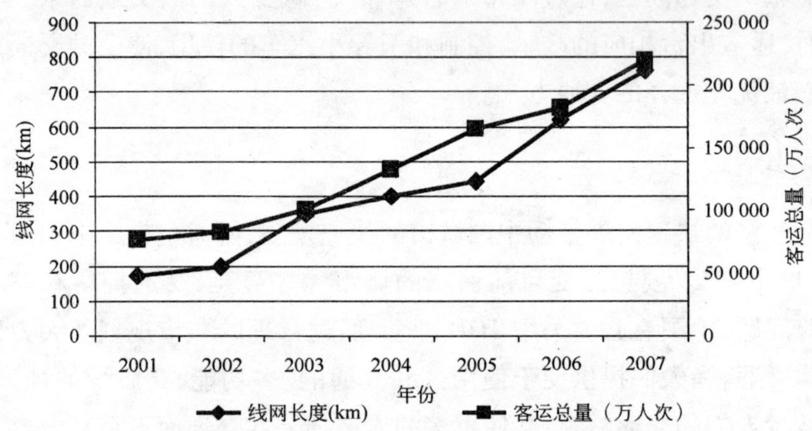

图4-2　轨道交通运营变化趋势图（数据来源：中国建设统计年报）

目前，国内除香港、台湾之外，已经有轨道交通运营的城市有北京、长春、重庆、大连、广州、南京、上海、深圳、天津和武汉等地。

北京地铁始建于1965年7月1日，1969年10月1日第一条地铁线路建成通车，使北京成为中国内陆（不包括港澳台）第一个拥有地铁的城市。目前北京地铁正在运营的线路有1号线、2号线、八通线、13号线、5号线、10号线、奥运支线（8号线）、轻轨机场线以及北京轨道交通S2线。

长春轻轨是中国首次采用国产化新型交流变频变压轻轨电动客车的营运线路。2000年5月27日长春轻轨一期工程正式开始建设，2002年10月30日投入试运营（图4-3）。

重庆轨道交通规划有七条轨道交通线，远景新增轨道交通三条线，总体布局为九线一环，线路总长513km。第一条建成的是轻轨二号线，于2006年6月28日正式全线贯通投入运行，它是中国西部地区第一条城市轨道交通线,也是中国第一条跨座式轻轨。

大连轨道交通一期工程,由香炉礁至金石滩,全长约46.658km,于2000年9月开工建设,2002年11月8日投入试运营,2003年5月1日正式投入运营。二期工程由香炉礁至火车站全长2.38km,2003年7月开工建设,现已投入运营。三期工程是三号线支线,线路在金马路－开发区段与主线分岔,于2008年6月开始调试运行,2008年12月28日正式载客运应。

图4-3 长春轻轨1号线硅谷大街附近

广州地铁已经投入运营的有1号线、2号线、3号线及4号线,但远远无法满足交通需求。为解决拥阻的道路交通,广州地铁正在大规模扩建中。

深圳地铁始建于1999年,是深圳市第一个国家重点工程。已完成的深圳地铁一期工程包括罗宝线(原一号线)东段和龙华线(原四号线)南段。现已投入运行。二期工程的线路包括罗宝线续建段、蛇口线、龙岗线首期及西延段、龙华线二期以及环中线,所有线路均正进行施工。二期工程计划于2011年6月完工。

上海地铁1号线徐家汇至锦江乐园段1993年5月28日投入运营,目前已有轨道交通1号线、2号线、3号线、4号线、5号线、6号线、8号线、9 号线一期、磁浮示范运营线共 9 条线路投入运营。2010 年世博会之前，即将开通的线路有 7 号线、10 号线、11 号线。上海是内地轨道交通网络最为发达的城市，特别是磁浮示范运营线，是世界上第一条投入运营的磁悬浮轨道线路。

武汉市的轻轨 1 号线一期线路已经于 2004 年 9 月 28 日开始通车。现在武汉轨道交通十号线二期工程，二号线一期工程和四号线一期工程正在施工中。

南京地铁项目规划工作于 1984 年启动，目前 1 号线一期工程已完成建设，2005 年 9 月 3 日开始正式试运营。

天津地铁始建于 1970 年 4 月 7 日，曾经是除北京之外唯一拥有地铁的城市，但是由于中国当时实行的停缓建政策，再加上资金限制而被迫停建。1981 年，天津地铁建设重新启动，于 1984 年 12 月 28 日建成通车（最初一段于 1976 年开通），并于 2001 年 10 月 9 日停止运营进行既有线路改造，改造后的地铁线路于 2005 年 12 月 28 日通车。截至 2008 年，天津地铁已经开通 1 号线及 9 号线（部分）两条线路。

除上述已经建设或正在建设的线路外，目前全国共有十余个城市获准扩大或启动城市轨道交通建设，规划新建总里程近 2500km，总投资达上万亿元。中国轨道交通建设正步入前所未有的大发展期，具体规划情况如下：

北京市计划在 2012 年年底，建设完成地铁 4 号、6 号、7 号、8 号、9 号、10 号、14 号、15 号线一期和亦庄线，基本实现中心城区轨道交通线网，并将于 2015 年年底，建设完成地铁 15 号线二期和大兴线、房山线、S1（门头沟）线、S2（昌平）线等线路，从而全部完成轨道交通近期建设规划。

上海市计划 2005 ~ 2012 年间新建 10 个轨道交通项目（含既有线延长线），新建线路全长 389km，从而形成含 13 条运营线路、运营总长度超过 500km 的上海轨道交通基本网络。

天津市地铁系统规划总长度为 227km，其中地铁 1 号线、2 号线、3 号线为轨道交通骨干线；地铁 4 号线、5 号线、6 号线为轨道交通填充线；7 号线、8 号线为轨道交通外围线；9 号线为津滨轻轨（西段），预计到 2010 年将累计实现轨道交通通车总里程 130km。

重庆市计划用 20 年的时间，建设 300km 的轨道交通线路。预计 2010 年建成运营 1、2、3 号线，2020 年前后将六条骨干线全部完工。

从 2004 年开始，广州地铁每年将平均开通 35km，预计到了 2010 年，2 号线南延与北延、3 号线北延（广州东站至机场南）、4 号线、5 号线一期、8 号线西延、广佛线（魁奇路至西塱）及 APM 全部开通运营，总长为 200km。广州地铁的远期规划长度是 600km。

武汉市轨道交通规划由 7 条线组成，线网总长约 220km。按规划，到 2012 年将建成轨道交通 1 号线、2 号线一期和 4 号线一期 3 条线路，形成约 70km 的线网骨架，届时武汉三镇，7 个主城区以及东西湖区将实现轨道交通互联。

南京市新确定的南京轨道交通线网规划为 14 条线，其中 10 条线为地铁，4 条线为轻轨，总长度达到了 433km；根据计划安排，2010 年前南京市要完成 77km 的轨道交通建设，2010 ~ 2020 年再完成 123km。

长春市中心城区远景线网由 3 条放射线、2 条半环线组成的放射线网。其中 1 号、2 号、5 号线为地铁线路，3 号、4 号线为轻轨，5 条线共同组成三主两辅双模式轨道交通线网。中心城区线网总长 179km。2010 年前分三期工程完成轻轨 3 号、4 号线建设，届时轻轨线路总长 52km。2010 ~ 2020 年建设地铁 1 号、2 号线市区段工程，届时地铁线路总长将达到 42km。

除此之外，还有更多没有轨道交通的城市，如沈阳、杭州、青岛、西安、成都正在争取开工建设轨道交通，几乎涵盖了中国中、东部大多数中心城市。

面对地方政府对于轨道建设一边倒的“大力发展”的呼声，中央政府则持审慎态度。在2002年10月中旬召开的国务院办公会议上，各城市地铁的立项问题被冻结，中央要求有关部门首先详细调查国内的地铁建设情况，然后，对地铁立项给出一个或一系列可行的、明确的标准，并调整地铁立项审批制度。这次会议为中国各大城市建设轨道交通的热潮降了温。

“地铁热”被“叫缓”最直接的原因是政府担心“一哄而上”的局面再现。地铁的立项标准、投融资机制至今并无成熟模式；此外，地铁建设从来都是一个“无底洞”，其赢利模式则是世界性难题，对于不能发债、赤字警笛已响的各地方来讲，地铁一开，财政压力短期难卸。中央的举措显然是希望地方政府审慎考虑地方的财政情况和其他实际情况，使轨道交通建设成为一个更为理性的、经过缜密研究的、可持续操作的过程。

4.2.2 新起步的快速巴士公交系统(BRT)

BRT(Bus Rapid Transit，即快速公交)是一种介于普通公交(Regular Bus，即RB)和轻轨交通(Light Rail Transit，即LRT)之间的、适宜于中长距离及大中运量的快速公共交通电汽车系统。其特征是：①BRT车辆独有路权专用通道；②BRT专用道的路面交通具有优先信号控制；③大容量客车。相比于普通的公交电、汽车，BRT具有大容量公共交通工具的客运量大、速度快的特点，据统计北京南中轴BRT高峰小时断面流量达8 500人/h，而其设计通行能力可达到1万人/h。同传统的轨道交通相比，BRT系统又具有建设周期短，造价低廉的特点。一般来说，BRT系统的建设周期为1~2年，轻轨为4~6年，地铁为8~10年。可见，BRT的建设周期明显小于轨道交通系统。在造价方面，修建1km地铁需耗资4~5亿，而全长是15.8km的北京市南中轴快速公交线路的总投资为6.5亿，每公里的平均造价为4 100万元，其中车辆的购置费用占近

2 亿元,BRT 的经济优势显而易见。

BRT 所具有的这种造价低、建设周期短、运量大、快速、舒适的特点,使它可以通过较低的造价达到与轨道交通类似的效果,因此应该说是一种适合于中国国情的公交模式。

目前,中国公交的现实情况是客流量大,公交车拥挤,舒适度欠佳,加之道路交通拥堵,进一步降低了公共交通的运营效率,使得公共交通令人望而生畏,有条件的人都转而驾驶私家车,公共交通缺乏竞争力。要想改变这种状况,关键在于提高公共交通的服务效率和服务质量,增加其快速性、舒适性和便捷性。轨道交通具有这样的特点,但由于其造价高昂,不一定适宜于每个城市,加之其建设周期长,不能很快见到效果。而 BRT 系统基于其造价低和建设周期短的特点,适宜于多数城市。采用 BRT 系统,可以在短期内大大改善现有的公交系统,提高其服务水平,从而缓解公共交通供需矛盾。

此外,BRT 系统与轨道交通一样,具有大容量的特点。沿 BRT 线路进行多功能、高密度的综合开发,将有助于中国城市尽快缓解交通拥堵等问题。BRT 也可以加强城市中心区与城市边缘区的联系,有助于形成都市圈公交网络。如成都市即通过新增公交线路和对 30 条线路实施公交优化改造,初步建立起市域公交客运网络和中心城区至各区(市)县 1h 快速公交网络,大大地方便和加强了城区与各区县的联系。

虽然 BRT 有许多优越性,但从规划层面落实到实施层面,BRT 系统目前在中国还缺乏成熟的应用模式,仍然面临着许多现实的问题。原因主要在于 BRT 系统需占用路面空间,对原有的交通系统在时间和空间上都会产生比较大的影响,如何解决好 BRT 与现有道路交通的矛盾,关系到 BRT 系统是否能在中国顺利实施。具体来说,需要解决的问题包括:如何合理分配道路空间和交叉口信号,使得在保证 BRT 优先的条件下,仍能保证普通车道的车辆通行通畅;以及如何划分 BRT 专用车道与其他车道所占用的道路比例等。现在通常的做法是将原有道路通过隔离墩、隔离护栏、划线等形式分离出来,供 BRT 车辆专门使用。但是 BRT 对原有道路资源的挤占,最终会导致社会车辆更加拥挤,由此也带来不少争议,如杭州等地实施 BRT 后就曾遭到市民反对。

BRT 的具体实施必须依据当地的实际道路、交通情况,进行细致、科学、合理的规划和考量。目前,中国已经有一些 BRT 线路投入使用,同时有许多城市则着手规划建设 BRT 系统。

北京:北京已经在 2008 年奥运会之前开通了 3 条快速公交线路,即南中轴、安立路、朝阳路;远期规划是在上述线路的基础上,再建设广渠路、阜石路和林翠路等线路,总计 6 条大容量快速公交线路。北京市南中轴快速公交线路从 2003 年中期启动,2005 年底全线 17km 全部建成。运营初期,公交承载客流达到 10 万人次,高峰时段每小时可以运送乘客超过 1 万人次,与轻轨相当,而其成本仅为 4 000 万元/km,即轻轨造价的 1/5。2006 年 5 月 1 日,全线运量达到 21 万人次。南中轴快速公交的成功运营,表明了城市可以通过更加方便快捷、相对低廉的投入解决交通问题。

上海:上海在 2005 年率先开辟 20km 公交专用道,同时,进一步优化公交线网配置,对过于集中或重复的线路进行调整或精简,发挥公交车潜能,并在此基础上启动建设 BRT 的快速公交系统。

昆明:昆明首条 BRT 专用道为 2007 年 1 月启用的北京路北延长线。该 BRT 专用道设在道路中央,线路长度约 5km,与原来的北京路公交专用道相连接,形成全长 10.5km,时速达 18km/h 的公交专用道。

天津:天津规划开通 6 条快速公交线路。2007 年 2 月开通的东南半环快速线路长度 19.5km,配备 20 辆高档大客车,共设 8 个站点,平均站距2.4km,运送时速可达 40km 以上。

深圳:深圳市已编制完成《深圳快速公交系统(BRT)规划》与《快速

公交(BRT)1号线详细规划》。按照规划中提出的目标,到2010年深圳将建起5条BRT线路,总长约130km(不含支线)。其中,全长24.6km的西丽至老街1号线于2007年2月10日举行了开工仪式,工期为18个月,但由于目前深圳轨道交通建设的加快,为了减少因公共设施施工给交通带来的影响,深圳方面减缓了快速公共交通的建设。该条线路由国际金融公司投资,并采取特许经营的形式经营,每班BRT可容纳乘客180~270人,单向运输能力与轻轨相当,达每小时1万~3万人次。由于采取优先信号控制,其运速可达每小时20~30km。建成后的BRT系统,将与轨道交通一起,构成深圳市交通系统的骨干。

成都:成都市新二环路规划设计方案目前已基本确定,主要采取双向6车道加快速公交道的道路断面形式,整个道路实施线控制在50m宽度,总投资将在10亿元左右。依照规划,快速公交每辆车的客运量能达到200人左右,速度达25km/h。

重庆:重庆高九路BRT示范线全长12.34km,设9个车站,2007年9月28日开建,2008年1月1日投入运营。该系统的特征是:在道路中央划设巴士专用通道,其中在4个车道的路段设巴士专用道,在6个车道的路段用护栏隔离出9.5m宽的快速巴士专用路。巴士在道路上具有优先通行权,首批投入运营的10辆巴士为重庆恒通客车公司生产的CKZ6127HN3型客车,示范段设计运行时速为25~30km,比传统公共汽车提速一倍以上。

杭州:杭州市快速公交一号线(B1线)于2006年4月26日正式开通,这是继北京之后,中国国内建设开通的第二条快速公交线。这条快速公交线路的设计时速为28km/h,许多路段的速度都达到了40km/h以上。该线路采用了长站距离停靠措施,站距从500m左右延长至1 300m,并使用低踏板大容量客车,使得上下车时间缩短,行驶车速提高。根据有关部门规划,到2010年,杭州将开通10条快速公交线路,全长预计

180余公里。届时,杭州将形成以快速公交为骨干的公交线网。

武汉:武汉市从2006年开始筹建BRT快速公交系统,欲将公交运营的平均时速由18~20km提升至20~35km。筹建中的武汉BRT快速公交系统主要特点为:封闭的专用车道;绿灯对公交优先;先检票后上车;智能管理控制车辆运行等。根据专项规划初步方案,武汉市到2010年将建设4条快速公交线路,到2020年再规划建设3条快速公交线路。

西安:“十一五”期间,西安市公交总公司规划建设4条快速公交干道,并力争2007年底建成1~2条,另外2条争取在2010年底完成规划,但目前西安市仍然没有一条已经运营的BRT线路。

厦门:2008年9月厦门市快速公交系统(BRT)一期的1号线、2号线和3号线昨日正式通车运营。两年后,厦门市运营中的快速公交线路将达到8条左右。

济南:《济南城市总体规划(2005~2020)》提出了主城区快速公交网络结构为“四横五纵”,总规模为290km。首批建设的北园大街BRT1号线站台全部在道路中央,为节省车辆运行时间,还在BRT站台处设置了BRT超车道,供越站线路车辆超车使用,乘客要想到达马路对面,需要通过斑马线或地下通道。

常州:常州快速公交1号线全长23.77km于2007年12月底竣工。共设23对中间站,两个首末站,BRT专用道及其车站均设置在道路中央,车辆采用右侧开门的形式设置,乘客通过人行横道到达站台乘车。BRT2号线于2009年5月1日开通运营,使常州市的交通形成“十字形”快速公交骨架。为进一步发挥BRT线网整体功能,提高BRT线网的覆盖率,进一步优化城市交通结构,常州市规划局及时组织开展了BRT三号线的前期规划工作。

小结

大容量轨道交通及BRT系统的建设,不仅有助于改善中国城市目前拥挤的交通状况,同时也为城市的可持续发展带来机遇。依据 TOD 理念,将大容量公交设施的建设和规划与城市的整体规划和发展相结合,将会使中国城市的发展走上更加健康、有序之路。

4.3 中国实施 TOD 前景分析

4.3.1 实施 TOD 的土地利用前景分析

TOD 的实质就是城市土地利用与城市交通的协调发展,它将城市的发展以大容量公交线为导向,从而形成城市沿着轨道线开发的局面。高密度和多功能是 TOD 开发的特点。多功能的城市社区使人们的出行需求减少,从而缓解城市交通压力。高密度是指在大容量公交线的步行范围内,城市开发密度最大,离公交线越远,开发密度也就越低。这样做可以使更多的人通过公共交通实现日常出行,减少小汽车出行过多而形成的交通拥堵。此外,TOD 式的城市分布,使城市的发展完全处于一种有序的状态,防止城市无序扩张。大容量公共交通的有效使用,可以有效地减少城市的道路需求,减少道路及停车场建设用地;高密度和综合多功能的开发模式,可以有效地节约宝贵的城市土地。这些措施可以确保城市的可持续发展。

近 30 年来,中国城市地域扩展迅速,城市普遍呈摊大饼式向外无序扩张,特别是大量宝贵的耕地变为城市用地,这种趋势将会使发展走上危险的边缘,是不可持续的。TOD 发展模式的采用则可以改变现有的局面,它在节约土地的基础上,为人们提供良好的居住环境、方便的公共交通和便利的生活设施,人们每天无需长距离的交通就可以满足居住、工作、上学、娱乐和其他日常生活所需。

美国 TCRP Report 74 指出,通过采用集约型的土地开发方式,可以使美国在未来的 25 年节约 250 万英亩的土地,而这些土地很大部分是耕地。相对蔓延式的土地开发方式,集约型的土地开发方式节约土地10%~40%。

TOD对土地利用的影响还包括对房地产价格的影响,研究显示轨道沿线周边房地产价格与其距轨道线的距离有关,虽然二者的关系不是简单线性的,但轨道交通对房地产价格所具有的正面影响作用是显而易见的。美国通过20年的跟踪调查,发现扣除自然增长因素,在距离轨道站点1/2英里至1/4英里的范围内,凤凰城地区的房价上涨了6.4%,波士顿地区的房价上涨了6.7%,波特兰地区的房价上涨了10.6%,圣迭戈的房价上涨了17%,芝加哥的房价上涨了20%,达拉斯的房价上涨了24%。

实施TOD,将使城市土地的使用更为有序和高效,它不仅提高人们的生活质量,也可以使土地增值。

4.3.2 实施TOD的经济发展前景分析

国外已有的TOD模式证实,通过在轨道站点临近区域开发零售业,可以提供更多的就业机会,促进当地的经济发展。

在华盛顿地区的联合车站,每天有50 000人次的乘客通过,这使得该站点周边零售业的销售额以每年5%的速率递增,而其站点本身每年也为当地提供了1 200~1 500个工作机会;在旧金山的San Francisco Center和圣迭戈的Horton Plaze这两个临近轨道网络的购物中心,有60%的顾客是乘坐公共交通工具来购物的,如果没有轨道交通工具,可以预测的是这些购物的人群将转移到城市郊区的配建了大规模停车场的购物中心去。

通过实施TOD可以减少政府在道路建设上的开支,从而将资金更多地用于城市经济的发展,在TCRP Report 74中,作者预测通过实施TOD等公共交通建设项目,可以使美国少建188 300英里的道路,从而节约1 100亿美元的开支。而利用这些节约下来的资金,政府可以将其投入到其他领域中去,从而进一步促进经济建设的步伐。

此外,TOD在美国实施的经验表明,由于生活在TOD区域的市民不必借助于小汽车交通工具上下班,从而节约购车、用车和停车的开支。TOD尤其有利于中低收入家庭,有利于减少这些家庭用于交通方面的开支。在美国,中低收入者每年用于交通上的开支占其总支出的20%~40%。TOD社区提供多种形式和不同档次的住宅,使人们可以在同一区域,根据自身的需求和经济实力进行多样住房选择。

“溢价回收”是TOD项目的主要特点之一,由于它建在大容量公共交通线路旁边,其所含地产的增值潜力非常高。方便的公共交通吸引人们到那里去置业和居住,其投资者,无论是政府,还是私人机构,乃至个人都会从中得到明显的利益回报。

TOD社区多功能的特点,使它不仅是人们居住的场所,同时也是人们购物的场所、娱乐的场所、工作和学习的场所,这一特点决定了它是一种生机勃勃的社区形式。以美国位于沃基尼亚(Virginia)阿灵顿县(Arlington County)的儒斯林—保斯顿(Rosslyn-Ballston)商业走廊为例,TOD模式的开发,使这一地区从郊区化时期的衰败转而变成美国目前最为繁华的地区之一。

TOD社区的建设将带来地方经济的蓬勃和发展,这一点是没有疑义的。

4.3.3 实施TOD的城市交通前景分析

中国城市道路交通发展的现状说明,私人汽车的快速增加使得城市道路不负重荷,道路拥堵也成为中国城市的顽疾。国外和国内的经验都说明,单靠增加道路交通设施方面的投入不可能对城市的交通状况有根本的改观。TOD模式倡导将城市发展与城市交通发展有机地结合起来，从而减少人们的交通需求以及对私人汽车的依赖，它是从根本上解决中国城市交通问题的一条可行之路。

首先，按照TOD模式沿公交线进行城市开发将引导人们放弃小汽车，改为步行和乘公共交通；其次，TOD高密度及综合土地开发的模式，可使更多的人上班、上学、购物就在住家附近，从而减少交通需求，即减少交通次数、缩短交通时间和交通距离，这些做法都将有效地减少城市道路上的车辆，使城市拥堵的情况得到根本的改观。另外，TOD主张建设对行人友善的城市和社区，完善的步行设施及自行车设施，安全的人行道及自行车道，使人们愿意放下小汽车，而行走和骑自行车也成为人们一种安全的健康生活选择。

采用TOD模式的发展战略，可以有效地缩短出行时间和出行距离，显著地增加公共交通的乘坐率，从而将公共交通的发展带入一个良性循环的轨道。美国的TOD实践表明，建立一个良好的轨道交通系统可以革命性地改变一个城市居民的出行习惯。有调查显示，在洛杉矶地区的BART，轨道沿线站点选择使用公共交通工具的比例是55%，而整个区域的平均比例则是16%。

研究表明(TCRP Report 104)，原来习惯于开私家车出行的居民，当他们搬到距离轨道交通站1/2英里的范围内时，52.3%的人选择搭乘公共交通工具出行。高效、舒适、方便的公共交通，特别是轨道交通可以吸引越来越多的人使用公共交通网络，放弃使用小汽车，从而对路面的交通拥挤将起到缓解作用。

TOD主张将一个城市乃至一个区域当成一个整体来发展，而城市公交发展的最终目标是形成一个方便、快捷的区域性公交网络。在大容量公共交通线路旁建设的高密度TOD社区，使大多数人可以方便地使用公共交通，而区域性公交网络的形成使那些即使不在大容量公交线路旁的居民也可以通过方便的接驳公交车线或利用安全舒适的自行车道，通过自行车到达主要公交站。舒适、方便和四通八达的公共交通成为人们出行的最优先选择,而小汽车出行的数量将随之减少,城市交通拥堵的局面也将得到根本改观。

4.3.4 实施 TOD 的人口发展前景分析

TOD 高密度开发的特点,使其在一定的土地空间内可以容纳更多的人口,建设 TOD 社区成为应对城市人口快速增加的主要举措,它使城市在人口快速增加的情况下,仍然可以维持有序发展。TOD 社区多样性的特点,使不同收入水平和背景的人生活在同一社区中,有利于人口在城市中的均衡分布,防止形成某些特殊的社群及聚居地,促进社会和谐。

轨道站点周边零售业及多样的服务设施,可提供更多的就业机会,为不断增加的城市人口增加就业机会。有研究显示,美国一个日均乘客量为 50 000 人的车站可以提供 1 200 ~ 1 500 个就业机会。

TOD 模式也有助于应对城市人口老龄化所带来的问题,除提供方便的公共交通和生活服务设施外,TOD 社区可以使邻里之间的关系更亲近和融洽。如今,越来越多的城市家庭搬进了配备保安、高科技门禁系统的社区内,凭磁卡进出小区、开车出门的生活模式正被许多中国家庭所接受,没有了昔日弄堂胡同里悠长的叫卖声、没有了墙根儿下晒太阳、下棋的老人家……往日的“街坊文化”、“大院文化”正在一步步的消失。反观大洋彼岸的美国,却以 TOD 模式为典型,逐步重建邻里之间的和谐关系,在这种互动型的轨道沿线的社区模式中,通过步行可达社区各个角落,使得老年人的出行不再成为问题。而社区内居民大多数乘坐公共交通工具,路面上的小汽车数量减少,也增加了老年人过马路的安全感。更多的社区土地不是被水泥硬化的停车场所占据,而是随处可见的公园、草地和各种公共服务设施,它们为老年人、儿童提供了休憩、娱乐的场所。

以国外的TOD社区来看,相比起小汽车主导发展的社区,TOD社区中生活的居民由于其出行的特点,更加依赖于公共空间。所以社区居民相互交往的机会较之小汽车主导发展的社区就多了很多,地铁里、社区的小路上都是社区居民相互交往的空间。在这种交往频繁、信息流通的社区里,其凝聚力较强,也能够较大程度上发挥公众对城市及社区事务的参与权。据美国学者Robert Putman的研究发现,在美国一个社区里每减少10%的小汽车使用率,参与社区发展的公众比例则提高10%,在与政府、开发商对话的过程中,社区居民的声音也就更容易被重视,有利于一个高素质、高质量社区的形成。

TOD发展模式使城市在有限的空间内可以为更多的城市人口提供方便、舒适和高质量的生活,有利于应对因经济发展而带来的快速城市化。

4.3.5 实施TOD的居住环境前景分析

居住环境定义的内涵是十分广泛的,它包括社会环境和自然环境,国际经验表明,TOD对社会环境和自然环境都有积极的作用。在社会环境方面,TOD模式下邻里之间的交往增加,设计良好的步行环境给居住区的居民一个安静、舒适的人居环境,在这样的小区居住可以减少居民的生活压力,增强居民的归属感和幸福感。这种TOD所倡导的邻里模式也符合“和谐社会”的发展观要求。同时,由于社区居民广泛选择公交出行,小汽车交通量的减少使得社区噪音降低、行人等慢行交通更有安全感。而多功能的合理城市布局及方便快捷的公交网,使人们日常交通的时间减少,日常交通的方便和快捷,可以使人们用更多的时间和精力去享受生活。

在自然环境方面,由于TOD模式减少小汽车出行,使汽车尾气等温室气体的排放及噪音排放减少，空气质量及生活环境显著改善。在美国有研究表明，TOD 平均可以使每个家庭每年减少 2.5～3.7t 的温室气体排放。如在圣迭戈的 TOD 居住区，其每个家庭的温室气体排放量比其他区域少 20%。

美国的学者通过对纽约等城市的研究认为，TOD 所倡导的、友好的步行环境，使得街区的灯光更加明亮、零售商店更多，街上的行人穿梭往来，这些都有助于有效地预防和控制街头犯罪，社区居民在这样的环境中生活将感到更加安全。

中国许多城市目前都在大规模地进行轨道交通建设，如果在建设轨道交通系统的同时，引入 TOD 联合开发的理念，对轨道站点周边进行精细的设计、合理的规划。使得轨道站点周边的居住社区不但为居民提供居住的功能，又能给居民一个适于休憩、娱乐、购物的环境，甚至提供众多的工作机会，那将离我们建设“和谐社会”的目标又迈进一大步！

TOD 作为一种城市发展模式，它强调城市及社区的综合平衡发展，以这种模式发展，城市的社区将包含居住、就业、学校、商业及社会服务等多种功能，它一方面使人们免于每天花费大量的时间在日常交通上，同时，合理的城市布局及公共交通的大量使用，使得城市机动车交通量减少，为城市带来更为洁净的空气和较为安静的环境，这些都有助于居民居住和生活环境的改善和提高。

4.4 中国 TOD 相关研究

TOD 概念最早于 2000 年出现于中国的学术期刊中，自此以后，TOD 得到越来越多中国学者的关注。这些学者利用 TOD 的理念，针对中国不同城市的情况，探讨中国城市及城市交通发展之路。与 TOD 相关的有关城市规划与城市交通方面的更深入的研究则主要集中在城市交通，特别是城市轨道交通与土地利用的关系以及对城市空间格局的影响等几个方面，本章对此予以简单介绍。

4.4.1 城市交通与土地利用的动态互动反馈关系研究

(1)轨道交通对沿线土地增值的影响

南京市交通规划研究所的何宁改进了 Aoki Y 的土地价格与运输成本模型(TCM 模型)，北京交通大学利用此模型对上海地铁 1 号线和北京城铁 13 号线建成通车前后给沿线房地产带来的增值变化进行了验证，认为该模型验证了地铁车站周边土地价格变化的趋势，但在影响因素和影响作用上仍需进一步研究。

同济大学的叶霞飞基于资产价值法理论，应用地价函数分析计算了轨道交通建设对沿线区域土地(主要是商业住宅)的收益和地价的增值。东南大学的过秀成回顾了交通方式及相应城市形态的发展历程，对人口、就业密度和公交线网密度进行相关性分析，定性分析交通方式对土地利用密度的影响。

(2)轨道交通对城市空间形态的影响

2004 年，南京工业大学的官莹等从轨道交通线网、轨道交通站点与空间形态、轨道交通与城市发展轴、轨道交通与城市中心等四个方面讨论了轨道交通对城市空间形态的影响。武汉城市规划设计研究院的刘菁分析了广州、北京、上海 3 个特大城市轨道交通沿线土地利用现状、问题及问题产生的根源，着重研究了轨道交通对城市空间形态、人口空间分布、土地利用规划、土地利用价值、立体空间综合开发等方面的影响，并对武汉市 2 号线做了案例分析。

(3)城市交通与土地利用的互动机制及评价

2003 年，东南大学陆健总结了国内外城市交通与土地利用的关系，认为城市土地利用与交通发展之间存在着辩证关系，土地利用影响着城

市交通发展,城市交通发展也影响着土地的开发利用。城市的形态、规模、居住分布形式等取决于人们在相对较短时间内的出行距离和活动范围,而出行距离又取决于当时的交通方式;交通方式的发展是改变城市空间结构和土地利用形态的重要影响因素。城市规模和用地布局决定了城市交通需求量的大小及其空间距离分布,影响着人们对交通方式的选择。各种交通工具运载能力不同,对交通需求量的大小、发生强度与分布密度有着不同的适应性,客观决定了不同规模和用地布局的城市对交通工具的选择差异;另一方面,由于人们对出行时耗有一个可容忍的限度,为保证出行时耗在可接受的范围内,居民必然根据不同交通方式能提供的运送速度选择出行方式。城市规模的扩大,居民出行空间距离的增加,促使人们对城市交通网络服务水平及机动化快速交通工具的需求增强,以降低出行耗时。因此,城市居民出行距离结构也在客观上决定了不同交通方式可能分担的出行量比例。城市交通结构与土地利用协调优化的基础是各种城市客运交通方式的运输特征和城市的土地利用特征,其指导思想是交通方式不仅要适应城市的土地利用;而且应在交通政策的引导基础上,通过交通结构的合理转变促进可持续发展。

2003 年,长安大学马荣国认为,城市公共交通在社会生产力作用下,随城市发展而不断发展,城市规模、城市形态以及城市的发展趋势决定了城市公共交通的发展方向;城市公共交通的发展优劣反过来又影响城市的发展进程。

2006 年兰州交通大学王花兰在总结国内外研究资料后认为,交通的发展促进了城市空间扩展并改变城市外部形态,是城市空间扩展的牵动力,对城市空间扩展具有指向性作用。正是基于交通对城市空间扩展起着重要的、指引作用的感性认识,使得对城市交通系统与空间扩展关系的理论研究成为城市规划界的重要课题。

2006 年,广州市地下铁道总公司的郑明远认为轨道交通与城市空间协调发展的核心思想是:交通系统的需求应按照土地利用和交通规划模型一体化进行预测,在流程设计上不仅能体现交通对土地利用的反馈,而且要体现土地利用对交通的再反馈,从而循环协调,直至土地利用与交通的整体优化。并指出城市空间和轨道交通的协调发展构成一个系统,其目标是轨道交通子系统和城市空间子系统的协调发展目标的组合。

东南大学曲大义提出住房制度改革引起的居民重组与分布理论,以及居民重组对交通产生影响;分析土地利用混合程度与居民出行空间分布的相互作用关系及机理。

长安大学李聪颖以城市的可持续发展为技术路线,运用哲学、经济学等相关理论与方法,对城市交通与土地利用的互动进行了理论分析,从定性、定量以及政策、技术层面进一步阐述了互动关系,在此基础上建立了城市交通与土地利用的互动机制,构筑了互动机制的评价指标体系,并引入了层次分析法对机制进行了分析,最后以南昌市进行了实证分析。

合肥工业大学冯四清从“轮转式”互动及“模式”互动两方面分析了城市交通与土地利用的互动关系,并从加强城市交通规划和土地利用规划的协调、注重城市土地的混合利用,推动 TOD 的土地开发模式以及注重高新技术的引入和利用等方面论述了城市交通与土地利用互动关系的整体优化策略。

(4)城市交通与土地利用的一体化规划模式研究

北京交通大学刘金玲在分析定量计算城市交通对沿线土地利用的增值三种不同方法的基础上,提出轨道交通车站、线路和线网的定量一体规划,最后提出轨道交通与土地利用定量一体规划以点、线、面分级考虑的一些建议,提出了基于 CA 概念模型的城市交通与土地利用一体化模型。西安建筑科技大学罗西从城市规划学角度透视城市交通与土地利用的关系，初步建立了二者的整合规划理论及模式。清华大学陆化普从交通效率的新视角出发，采用总出行时间来衡量土地利用形态的交通效率和宏观可达性建立了一定经济、土地、人口约束下，总出行时间最小的城市土地利用优化模型，并提出了能体现土地利用与交通系统循环反馈关系的求解方法，从交通效率最大化或局部最大化的角度，对土地利用—交通系统的一体化规划进行了有益的尝试。

4.4.2 城市交通与土地利用的一体化规划模型研究

2001 年，东南大学的曲大义建立了城市人口规模—土地利用布局—交通需求总量相关关系分析模型，并统计回归得到交通小区不同性质的城市土地利用对该小区的交通吸引总量的权重。从宏观角度模仿引力场理论建立多中心结构城市各中心的交通影响范围界定模型。建立片区土地利用混合强度与片区内部居民出行比例的相互关系模型。建立瓶颈路段对各小区土地利用强度的敏感性分析及最大强度增量限定模型，交通影响分析的逆四阶段用地反馈模型。根据最大熵原理，运用 O-D 反推技术，建立土地利用—路网流量的组合式预测模型。

2001 年，东南大学的过秀成通过分析不同性质土地利用的出行特征和吸引率，构建了土地利用与居民出行空间分布的相互作用模型。2004 年，华南理工大学俞礼军建立了基于交通系统约束的局部土地结构最优化模型。该模型以城市土地利用和交通的关系为基础，计算城市分区域的机动车出行生成量与交通吸引量，进而建立以路网容量为约束，高强度开发用地为目标的用地规划模型。2006 年，台北大学的 J. J. Lin、C. C. Gau 认为 TOD 规划主要关注的是发展效率，往往忽略了环境质量和社会公平。因此，基于可持续的三个目标：最大公共交通乘客数、最优化居住环境质量和社会公平，建立了一个多目标的规划模型，并通过对模型和案例分析，认为公共交通站点附近容积率的增加尽管可以增加公共交通乘客数,但是会相应削弱或恶化站点周边的居住环境质量及社会公平,而且容积率上界的增长率超过70%以后对公共交通乘客数的增加没有太大的作用。

2007年,北京交通大学杨励雅从宏观、微观两个角度,建立数学模型,分析了城市交通与土地利用互动的方向、程度及演化趋势;研究了在先验数据有限情况下城市轨道交通沿线土地利用形态和土地(房地产)价格变化规律的预测方法,构建了BP神经网络—马尔可夫链组合预测模型和灰色系统云—马尔可夫链组合预测模型。

4.4.3 TOD模式的指标评价体系研究

TOD的作用,或者是说评价TOD理念给一个项目所能带来的好处,可以从五个方面进行考虑(图4-4)。

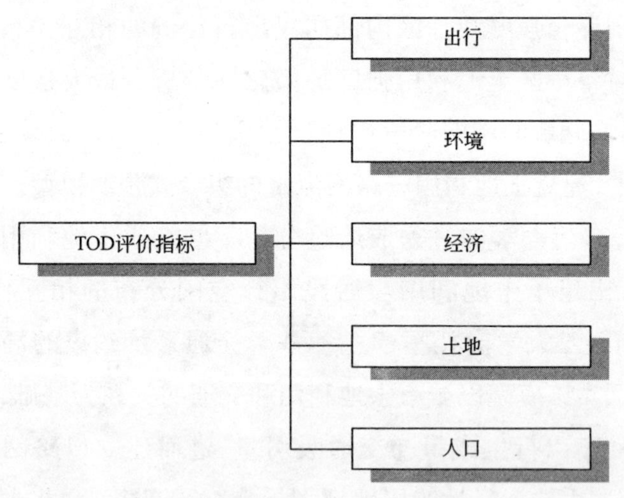

图4-4 TOD评价指标

同时应该看到的是,在一个项目中有着代表着不同的利益集团的参与方,他们所发挥的作用,和他们所期望的收益是不同的。一般来说,在市场经济条件下,一个TOD项目实践中的参与方应该包括:①政府;

②开发商;③公共交通设施运营商;④市民。整个 TOD 项目,从规划到设计,再到开发建设的过程实际上是项目参与者之间进行博弈的一个过程。在这场博弈中,对于不同的参与者(Player)来说,TOD 模式会带来不同的效果和影响。例如地铁线旁边土地价格的上涨,对于政府、开发商来说无疑是一件好事情,然而对于市民来说却意味着更高的房租以及由于高地价而转移到消费者身上的额外成本(表 4-3)。

TOD 参与者的作用和职责 表 4-3

TOD 参与者	职责和作用
政府	代表人民拥有土地的所有权,通过税收、出让土地的使用权等手段获取资金利润,用于市政设施的建设维护
开发商	拥有土地的使用权,通过开发土地,为社会提供居住、办公、商业等职能。从而获得地租等收益,赚取利润
公交设施运营商	拥有轨道交通、公共电汽车等线路以及线路周边的配套设施的使用权和经营权,通过收取公交票价的收入以及政府的补贴来维持公交设施运营和设备的更新
市民	是以上 TOD 模式的参与者的服务主体,民众的满意程度是衡量 TOD 模式是否成功的根本指标

注:在香港等一些城市中,通过政府规划部门的特别许可,地铁公司拥有其地铁站上盖及周边土地的物业开发权。

中国实施 TOD 成功的关键,在于能否从中国的实际情况出发,调动项目所有参与者的积极性,以公交导向城市发展为前提,从项目的规划到实施,找到一种平衡各种指标、平衡各方利益的最优方案。

第5章 TOD在中国城市的实践典型案例分析

长久以来，中国城市居民的出行方式主要是步行、自行车以及公共电汽车。改革开放以后，随着私人汽车业的发展，以及道路设施的不断建设，越来越多的人开始将私人汽车作为主要出行方式。中国人口众多，且可使用的土地资源有限，私人汽车的过快发展，正在并且还在不断加剧城市的交通拥堵和环境污染，并造成许多其他问题。

解决目前所面临的问题的出路在于积极发展公共交通，特别是大容量公共交通，并将城市的发展与城市公共交通的发展结合起来，实现两者之间和谐和统一。中国的许多城市已经在这方面做出了许多积极的尝试和努力。这一部分将对北京、上海、杭州、南京、深圳和广州等城市在发展公共交通和实施TOD方面的具体实践进行分析和介绍。

5.1 北京——探索公交引导城市发展之路

5.1.1 北京市总体规划

北京最早的城市总体规划是建国初期在前苏联专家的建议和帮助下

编制的,并于1953年编制完成。这一规划提出了北京市分散集团式的城市布局设想,即城市由一个中心区及周边10个组团组成。然而,在随后多年的实际发展过程中,这一规划设想并没有得到很好地贯彻实施,近几十年北京的发展没有在城市功能方面进行明确的划分,城市发展的基本形态是以老城区为核心,呈"摊大饼"状向外扩展。

1993年制定的北京市总体规划,再次进一步明确了市区要坚持"分散组团式"的布局原则。并提出"舒解市区,开拓外围,集中紧凑发展"的北京市城市发展原则,再次确立北京市的城市体系由市区中心地区及环绕其周围的10个边缘集团组成,这10个边缘集团是:北苑、酒仙桥、东坝、定福庄、垡头、南苑、丰台、石景山、西苑和清河,而在这10个边缘集团之外又有11个新城或卫星城。

为了控制城市中心区规模,1993年的北京市总体规划设定了北京的第一道城市圈层绿化带,目前的位置是在三环和四环内,目的是构筑市区"分散集团"式布局,防止继续摊大饼。这道绿带位于市区中心地区与10个边缘集团以及边缘集团与边缘集团之间,规划用地面积35km^2。按照该规划,到2010年城市建设用地为610km^2,规划市区中心地区人口450万,边缘集团人口200万。然而,该规划方案没能得到严格的实施,2004年中心区人口已突破600万,比规划中的2010年人口还超出150万。由于中心区人口增长的不断压力导致绿化带不断被蚕食,目前绿化带面积已经减少到24km^2。

人口的快速增加,促使土地的大规模开发,而土地的开发并没有按照规划中的设想被绿化带分隔,而是沿着老城区原有的道路系统两侧不断展开。随着以原有路网为基础的城市道路系统向四周的不断蔓延,北京市的城市发展以二环路内的老城区为中心,呈摊大饼式蔓延开来。

考虑到城市的实际发展情况与1993城市规划所设定的目标出入太远,原有的城市规划已经不能起到实质性的指导作用。2004年北京市又重新修订了总体规划。这一新的总体规划《北京城市总体规划2004～2020年》,提出构建了“两轴—两带—多中心”的城市空间结构的设想,并提出到2020年将城镇人口规模控制在1 600万人左右,而将城市中心人口规模规划控制在800万人以内,新城人口约570万人,小城镇及城镇组团人口约180万人。

为了减小中心城区的交通、住房等社会、自然资源的压力,2004年的北京市总体规划提出了“严格控制中心城人口规模,进一步疏解旧城人口,合理调整中心城的人口分布”的目标,规划中心城中心地区人口约540万人(其中旧城人口约110万人),边缘集团人口约270万人,绿化隔离地区及外围地区人口约40万人。

为了控制城市中心城区的蔓延,并疏解中心区的人口密度,北京在努力强化第一道绿化隔离带的基础上,继续采取绿化带强制控制城市蔓延的做法,于2003年又开始启动第二道绿化隔离带工程。然而,据有关学者研究,位于第二道绿化带之中的地区,新的开发建设项目目前也呈现蔓延之势,不断展开。

事实证明,面对经济增长的需求和压力,北京市中心区蔓延的发展态势,仅靠修建绿地隔离带这样“堵”的方法是不够的,而且仅通过城市规划来强制控制城市用地强度,也难以完成疏解已有中心城区人口的目标。“十五”期间,北京市每年竣工的建筑面积在3 000万m^2以上,其中85%左右集中在中心城区。中心城区功能的过分集中和土地的超强度开发导致人口和就业岗位的高度集中,形成中心区交通出行高度集中的局面。

为彻底改变北京市城市发展无序扩张的局面,有必要改变策略和转变思路,变“堵”为“疏”,即按照TOD理念,通过合理的引导,抑制无序蔓延,实现城市更为合理的布局。事实上,北京市的规划者们已经越来越深刻地认识到TOD的重要性,并将TOD理念运用于实际规划和实践当中。

《北京交通发展纲要》进一步明确了“建设以公共运输为主导的综合

运输体系”的公交优先战略；北京市2006年制定的《北京住房建设规(2006～2010)》中也明确指出：“强化公共交通引导的原则，充分考虑中低收入家庭对交通设施的需求，在公共交通干线和站点周边优先安排廉租住房、经济适用住房和中小套普通商品住房建设。推动就业与居住均衡发展”。试图通过鼓励发展位于公共交通站点周边的廉价住房，吸引城市人口发展重心的转移，实现城市规划“疏散中心区城市人口”的总体目标。

依据城市总体规划所制订的北京11个新城的总体规划，也贯彻了TOD模式的理念。按照现有规划，北京市的新城与中心城、新城与新城之间将建成快速轨道交通线网或快速公交(BRT)线网，以促进新城的加速发展。随着北京几条新的轨道交通线路和BRT线路的投入使用，TOD在北京的实践也将越来越成熟。

5.1.2　北京市的轨道交通与土地开发之间的互动

(1)北京市轨道交通的发展

北京市轨道系统的发展有着长久的历史，但中间曾经历一段缓慢发展阶段。20世纪50年代末期中苏交恶后，中央政府开始规划在北京、沈阳、上海三座重要城市修建地铁，以作为平战结合的战备防御手段。北京地铁首先开工，一期工程于1965年7月1日开工建设，其线路沿长安街与北京城墙南缘自西向东贯穿北京市区，连接西山的卫戍部队驻地和北京站，采用明挖填埋法施工。全长23.6km，设17座车站和一座车辆段(古城车辆段)，1969年10月1日建成通车。根据预计，北京地铁在战时可以每天运送5个陆军整编师的兵力自西山运至北京市区。由于属于战备工程，北京地铁在通车后很长时间内不对公众开放，需凭介绍信参观及乘坐。

直到1971年1月15日，作为公共交通工具意义上的北京地铁公主坟至北京站段开始试运行，1971年8月5日延长为玉泉路至北京站，1971年11月7日延长为古城路至北京站，1973年4月23日延长为苹果园至北京站。北京地铁二期工程始于1969年,其线路沿北京内城城墙自建国门至复兴门,呈倒U字形,设12座车站及太平湖车辆段,线路长度为17.2km。1981年9月15日,北京地铁二期正式对外运营。

北京地铁复八线于1992年6月24日开工建设,1999年9月28日通车试运营,2000年6月28日与地铁1号线全线贯通。

北京城市轻轨(城铁)13号线于2003年1月29日正式开通运营。

北京地铁5号线2007年10月7日开通运营,是一条贯穿北京南北的轨道线路。

截至2009年,目前北京地铁正在运营的线路有1号线、2号线、八通线、13号线、5号线、10号线、奥运支线(8号线)、轻轨机场线以及北京轨道交通S2线。其中,1号线全长31.04km,23座运营车站;2号线全长23.61km,18座运营车站;5号线全长27.6km,15座运营车站;13号线全长40.85km,16座运营车站;八通线全长18.9km,13座运营车站。2007年12月24日是地铁1号线和13号线缩短高峰运行间隔的第一天,该日地铁全网客运量突破300万,达到3 018 347人次。

根据《北京市城市快速交通近期建设规划》,北京市将在2007年到2015年间,规划建设轨道交通项目19项,447km,连同2007年以前投入运营的三条线路114km,最终形成19条线路561km的交通线网规模(图5-1)。

(2)轨道交通对周边房产价格的影响——以13号线为例

北京城市轻轨(城铁)13号线于2003年1月29日正式开通运营,线路环北京市西北、北、东北部呈倒"U"字形,全线共设16个车站。它从西直门出发,向北经大钟寺、知春路、五道口、上地、西二旗;然后向东,经回龙观、黄土店、立水桥、北苑;然后向南,经过望京、太阳宫、和平里、造纸厂至东直门,全长40.5km,连接城市中心的商务区和城市边缘的住宅区(表5-1)。

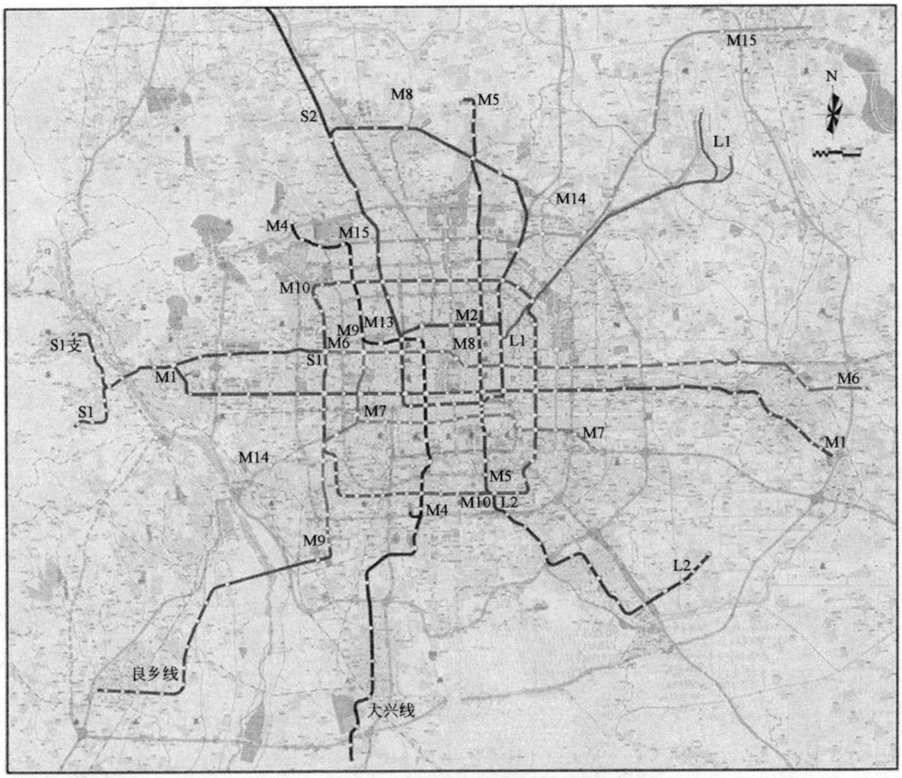

图 5-1　北京近期轨道交通网规划

资料来源：北京市城市规划设计研究院

北京地铁 13 号线车站地区分类表　　表 5-1

项　　目	站点地区类型	车 站 名 称
公共中心型	交通枢纽型	西直门、东直门
	商务/办公型	大钟寺、知春路、上地
	综合型	五道口
城市边缘型	新开发居住区型	西二旗、龙泽、回龙观、霍营、立水桥
	较成熟居住区型	北苑、望京西
	成熟居住区型	芍药居、光熙门、柳芳

数据来源：《北京地铁 13 号线车站周边公共空间的环境改善》

有别于北京地铁 1 号、2 号、5 号线这些穿越市区地下的线路，北京地铁 13 号线采用的是地面轻轨，而且大部分线路都位于城市的边缘，这些边缘区域的土地开发受城铁的影响很大,轨道交通对城市发展的引导作用在这一区域非常明显。

由于城铁13号线的修建,带动并促进了回龙观、霍营等一些新的居住区的开发,而如北苑和望京这些原来就是居住区的地方,则由于城铁13号线的修建,而使交通更加便利,居住区更具有吸引力了(表5-2)。

轻轨站点附近的房价特征反映了这种吸引力。受北京"摊大饼"的城市发展方式的影响,传统上北京市的房价受环线的界限作用很大,而如表5-2所示,在同一环路间隔之间的房产价格,则在不同程度上受到轨道交通的影响。

轨道13号线周边地产价格分布(2001~2003年)　　表5-2

环线范围(km)	距最近轻轨站点不同距离的平均房价			
	<1	1~2	2~3	3~4
2~3环	6 800	7 366	6 900	7 490
3~4环	6 578	6 343	6 236	6 120
4~5环	6 036	5 836	5 640	5 237
5~6环	4 758	4 542	4 343	3 800
3~6环	5 791	5 524	5 406	5 052

数据来源:《城市轨道交通对房地产价格的影响——以北京市轻轨13号线为例》

2~3环属于北京市中心城区的范围,传统上开发强度很高,在城铁13号线修成之前就已经有比较稳定的房地产价格。所以在13号线开通之后,其房地产受轨道交通的影响不大,距离轨道线附近的房产价格没有明显的规律性变化。而在3环以外,房产的价格具有这样的规律,即除了越往城市外围价格越低外,距离轨道交通线越远,地产价格也呈明显的递减趋势。由此可见,轨道交通对周边土地具有明显的升值影响。

5.1.3　轨道交通线站点周边环境——以13号线为例

北京市的大容量公交系统有一个显著特点就是站点一般位于线路与城市主干道的交叉口。如13号线的沿线站点多数在城市的主干道附近,这虽然可以方便乘客换乘常规公交，但另一方面却因人流过多而对城市主干道的顺畅运转带来冲击（图5-2）。所以，如何在保障公共交通网络运行的同时，又要使主干道上的车流影响减小到最低，是公交管理方面所面临的挑战。

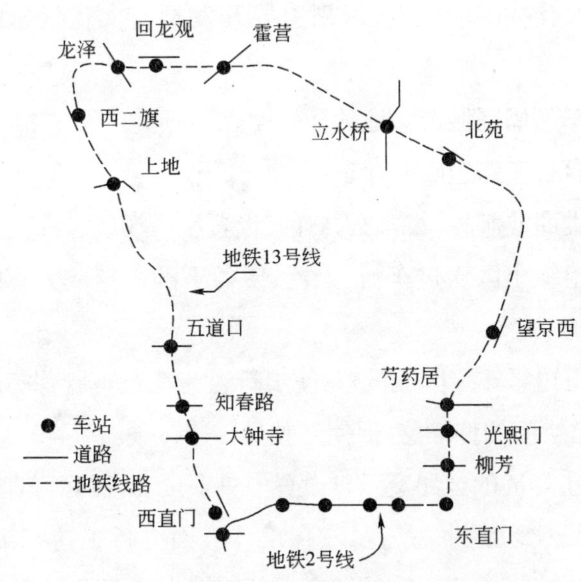

图5-2 轨道13号线沿线站点及其附近道路

北京在13号线的有些站点周围，对道路交通与轨道系统相衔接的部分进行了充分的考量，如五道口车站周边地区的交通组织措施就包括：

(1)在各街道交叉口、场所出入口处设减速标线和减速标志。

(2)设置港湾式出租车临时停靠点，满足车站外交通换乘需求。

(3)设置港湾式停靠站，完善公交车停靠的设施。

(4)增加乘客候车的舒适性、上下车的便利性、减少对人行道通行能力的影响。

(5)合理组织车流、人流，使各小区入口成为有吸引力的过渡空间。

(6)在不影响车辆通行的前提下，在商业建筑附近、小区入口附近，设置路边临时停车空间。

此外,在设计方面,站点周围整体环境也注重体现了 TOD 对行人、骑自行车友善的原则,站点设计具有以下特点:

(1)控制车站周围的土地利用性质,增设配套商业服务设施,满足市民需要。

(2)突出文化休闲的主题,规划引导开发具有文化气息的商业服务设施。

(3)提高车站周围城市绿地的开放度。

(4)设置自行车路边临时存车处。

(5)在各类商业服务设施的入口前,设置小广场或过渡空间。

(6)合理组织小区入口车流、人流,使各小区入口成为有吸引力的过渡空间。

(7)步行道边缘花坛间隔设置,使步行道与车行道既保持联系又有隔离,形成车行道空间的伸缩感,促使驾驶员控速行驶。

(8)在超过 15m 的道路交叉口设置中央安全岛,保障行人过街安全。

然而,让人感到惋惜的是,虽然在设计方面进行了这些细致的考量,但在实施 TOD 之前,由于没有统筹考虑各部门之间职责和分工协作,导致在具体实施的过程中由于各部门的利益不平衡,TOD 模式也就成了口号,无法真实地体现其设计理念。在 13 号线建设和开通以后,其站点周围的公共环境建设一直没能按照当初的设计思路去实施。现实中,由于站点周边缺乏换乘系统、步行设施,导致许多非法营运车辆横冲直撞,给行人带来极大的安全隐患。

还有一点就是前面提到的,由于站点周边主要是居住区,土地性质单一,商业服务设施的缺乏,增加了居民的出行需求,而这些城市边缘区由于缺乏门到门的公交服务,居民的出行需求很大一部分需要由“黑车”——非法营运车辆满足,扰乱了社会秩序,造成公共空间被破坏的恶性循环。

5.1.4 北京南中轴 BRT

2005 年 12 月 30 日，中国首条 BRT（快速公交线）——北京南中轴快速公交全线贯通，标志着公共交通又一运营模式在中国的建立。北京的南中轴 BRT 系统有着得天独厚的实施优势，从三营门至永定门，道路的规划红线为 80m，由于预留地铁 8 号线的空间，在道路中央预留了 17m 的宽度，从而为建设 BRT 提供了条件。根据系统的设计，南中轴快速公交是一条采用左开门的独立干线公交线路，其他常规公交不能进入快速公交系统。目前，北京南中轴 BRT 除了前门至天坛段 2km 的路段由于道路条件的限制，没有设置公交专用道路外（目前为常规公交和快速公交的混行路段），其余路段均设置了快速公交专用通道。

从城市总体规划上来说，南中轴 BRT 是连接南苑、亦庄、黄村等南部城市边缘集团与市中心的关键通道，近年来，北京的城市发展已经显现出“北强南弱”的局面，南城在城市发展方面已经明显落后于北城，而公共交通设施的落后，是制约该地区发展的重要因素之一。快速公交的建设和道路综合改造，将使南城的长远发展得到促进，从城市发展的角度来讲，南中轴 BRT 有助于缩小其与北城之间的差距，使城市形态布局更为平衡。

此外，从满足客流需求的角度来看，南中轴沿线附近居住密度较高，沿线有许多居民在城区就业、就学，还有一些大型商业设施，包括北京最大的小商品批发市场，因此，有巨大的客流需求。南城也是北京市经济适用住房的重要开发区域，中、低收入家庭较多，他们需要高品质、低成本的公共交通服务。南中轴沿线原有 31 条公交线路，日客流高达 30 万人次，但公交的运营速度低、服务质量差、线路重复严重。南中轴沿线虽然规划了地铁 8 号线，但该线路在 2010 年前不会实施，因此在短期内发展快速公交是理想选择，它有助于沿线整体公交服务水平的尽快提高。目前，北京南中轴 BRT 每天运送乘客约 10 万多人次，起到了舒缓北京南北向交通紧张的作用。

南中轴路BRT建设模式采用政府投资与市场运作相结合的方式，由政府负责道路、桥梁等基础设施建设，而BRT运营企业负责车辆、站台及相关运营管理设施建设。2005年组建的北京市畅达通有限责任公司，作为BRT项目业主单位，主要负责BRT系统的日常运营和管理。

然而，BRT与周边土地的联合开发目前则不理想。由于南中轴BRT站点大多位于快速路中央，主要通过独立岛式站台及天桥等行人过街设施同路边的行人系统相连，因此不便于紧邻站台发展物业商铺；此外，在城市规划中也没有考虑BRT站点周边的相关配套用地规划。所以无论是从宏观规划上还是微观设计上，目前南中轴BRT对沿线周围土地开发的引导作用都还十分有限。这与巴西库里蒂巴等城市通过BRT公共交通系统导向城市发展的做法还是有差距的。除此之外，由于南中轴快速公交系统是一条以南北方向为主的公交线路，其与东西方向公交的换乘主要设置在相交的环路上，不便进行站点周围的大规模开发，这主要是因为环路两边的土地利用性质受到严格控制。为保障环路上车辆快速通行，近几年来，规划部门严格控制环线两边的用地，由于大型的商业、办公用地容易生成吸引大量的交通，故受到严格限制。这使得南中轴BRT站点周边很难像地铁物业那样采用联合开发模式，进行大规模综合开发。

实现BRT与常规公交系统的同站转换，可以大大地方便乘客，缩短其换乘距离和出行时间，从而促进人们选择公交出行。在与常规公交以及地铁交通的衔接方面，北京BRT系统做出了很好的典范。南中轴大容量快速公交线结合现有公交站点，共设有车站17座，平均站距940m。根据客流调查数据，南中轴快速公交系统每天运送10万人次以上的乘客，50%以上客流的出行起终点都不在走廊沿线，他们需要在行程中换乘其他公交。因此，BRT站点在设置时尽可能靠近路口，便于相交道路换乘。

北京立交桥处的公交线路，通常多被安排在立交桥的两端，公交线路

之间的换乘至少需要走一站地以上，使公交乘客极其不方便。南中轴BRT的木樨园桥站的客流量仅次于前门站，是该快速公交系统第二繁忙的车站。利用改建南中轴与三环路立交改建的机会，快速公交木樨园桥站创造性地设置在了立交桥的交叉点中央，并让三环路上的主要公交线路300路和830路使用地方车道与快速公交形成垂直换乘，乘客只需步行71m和33个台阶就能互相换乘，极大地方便了乘客。目前，300路是北京公交客流最大的线路，而南中轴快速公交线路的客流量为第二，这两条公交大线之间如此方便的换乘，对于北京市公交网络的顺畅运行是非常重要的。与木樨园桥相似，南中轴与四环路相交的大红门桥也采取了立体换乘的形式。创新的垂直式常规公交换乘设计，提高了BRT系统的影响范围，增强了公交运输网络的可达性，也使得行人换乘更加便捷（图5-3、图5-4）。

图5-3　北京BRT车站的岛式站台

除了与常规交通的转换外，南中轴BRT也有大量乘客需要在前门站换乘地铁2号线。通过各部门的大力协同合作，在传统的公交枢纽点——前门，快速公交起终点站被紧靠在地铁车站出入口，快速公交的下客站至地铁2号线站台中间点的步行距离仅为127m和下78个台阶，反方向轨道交通换乘快速公交的步行距离为162m和上62个台阶。同时，快速公交与常规公交停靠站仅一街之隔(通过人行地道直接相连),并且还设置了清晰的换乘标志。这样的设计取得了巨大的成功,今天,40%以上快速公交乘客的出行起点或终点就是前门。

图5-4 南中轴BRT换乘系统

5.1.5 北京亦庄的TOD模式

北京市2004年城市总体规划强调“两轴—两带—多中心”的城市总体结构,确定重点发展位于东部发展带上的通州、顺义和亦庄3个新城,使其产生规模效益和积聚效益,从而成为中心城人口和职能疏解及新的产业主要聚集地区。3个重点新城规划人口规模为70~90万人,同时预留达到百万人口规模的城市发展空间。

亦庄位于京津冀北区域的核心地区,是京津城镇走廊和产业带上的重要节点,具有许多高新技术产业和雄厚的制造业基础,将是未来京津城镇走廊产业发展的区域产业中心。定位于疏解中心城人口、聚集新的产业、带动区域发展的城市功能,依托其区位优势,亦庄新城制定了基于TOD模式的发展战略。并在建设实践中结合当地实际情况来实现TOD的规划理念。

按照北京城市总体规划,亦庄新城与老城之间将通过大容量公共交通系统相连接，以形成公交引导的卫星城发展的局面。规划要求新城积极发挥基础设施的引导作用，采取以公共交通特别是轨道交通为导向的城市发展模式，土地开发与交通设施建设相互协作，建立以公共交通为纽带的城市布局及土地利用模式，促进新城的理性增长；不断提高土地利用效益和建设用地的集约利用水平，规划预留和储备好中远期发展的用地空间。此外，亦庄新城的规划和建设，也在生态环境保护和资源集约利用方面采用高于中心城地区的规划建设标准，并以高效、复合的地上、地下空间协同开发建设方式作为新城可持续发展的选择方式。

亦庄枢纽站站前综合区地下空间的规划就体现了 TOD 高密度、多功能开发的思路。

亦庄枢纽站是京津城际铁路、轻轨 L2 线（联系中心城至亦庄）、市郊铁路 S6 线（联系东部、南部 8 个新城）和地面公交的综合换乘枢纽。枢纽站前综合区（约 18km）是新城面向区域和东部发展带的门户，是新城最重要的形象区，未来也将是新城的高端产业服务基地，是新城面向京津的开放型综合服务中心，它也将是与产业区配套的、生态环境良好、配套设施完善、空间特色鲜明的国际化新社区。

考虑到亦庄枢纽站未来高密度开发使用的特点，该枢纽站站前规划区的方案确定，在规划期内（至 2020 年），以轨道 L2 线为地下空间开发利用的发展轴，以轨道 L2 线与京津城际枢纽的换乘站、次渠站为地下空间开发利用的发展源，形成依托轨道 L2 线，以站前公共中心为重点的地下空间体系，主要建设联系枢纽换乘站站前区地下空间和次渠站的大型、复合式地下街（图 5-5）。

目前，轻轨 L2 线方案设计单位已经确定将位于站前综合区内的线网和车站全部地下化，共设 3 个站点（包括换乘枢纽站），并结合地下空间规划的初步构想将枢纽站——次渠站的轨道区间布置在地下二层。规划期内，随着经济和社会的快速发展，地面空间的开发建设和轻轨 L2 线的运营,必将带动地铁站点周边地下空间的开发建设。为避免地下空间各自为战、无序发展,需制定合理的地下空间规划,有效引导地下空间开发利用,促进地上、地下空间协调发展。因此,通过比较分析地下空间开发利用发展模式的特点与国内外先进实例,初步确定站前综合区的地下空间在规划期内采取以“轴向滚动”发展模式为主,而随后核心区则采取“中心联结”发展模式,将核心区地上空间的功能与结构全面向地下扩展。地下空间体系内将涵盖商业、文化、娱乐、办公、餐饮、服务、停车等诸多功能类型,形成新城的地下城市中心。

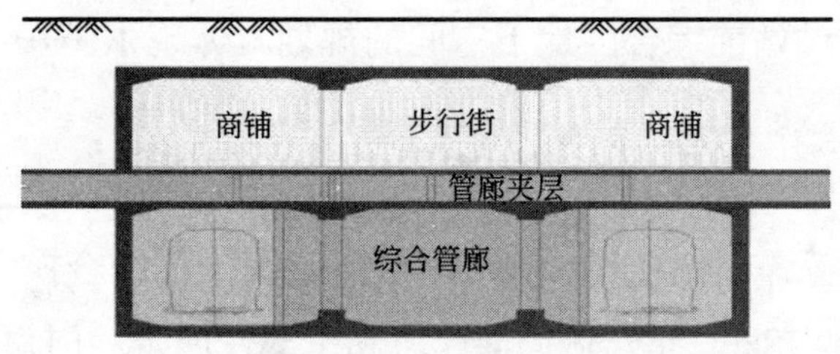

图 5-5　亦庄地下空间开发设计模式

5.2　上海——与商业中心紧密结合的轨道交通网

5.2.1　上海的城市发展与轨道交通

从解放前,大上海的繁华到改革开放后日新月异的浦东新区,上海始终走在中国经济发展的前列。现在,上海不仅是中国最大的城市,同时也是中国的经济中心。从历史来看,上海是中国最早开始现代化城市建设的城市之一。1840 年的鸦片战争,迫使清政府签订《南京条约》,外国殖民者开始在中国开辟租界,并在开辟租界时进行了城市基础设施的建设。上海是当时中国最多外国租界地的城市,其早期的城市发展格局就是建立在租界发展需要的基础上。此外,上海港对上海的城市发展也起到了

相当大的促进作用。为了便于装运从港口进出的货物，上海当时因而兴建了许多城市道路。可以说，租界和港口促使上海开始现代化城市建设。由于缺乏合理统一规划，加上连年战乱，解放前的上海市城市布局非常不合理。老城区人口密度很高，且城市基础设施落后。上海解放时，全市有棚户、简屋322.8万m^2，占住宅总面积的13.7%，主要分布在市区边缘及工厂、车站、码头附近；另有旧式里弄住宅1 242.5万m^2，占住宅总面积的52.6%，主要分布在市区的商业街地带。旧上海居民居住环境普遍较差。

改革开放以后，上海市的经济得到快速发展。然而，老城区内落后的基础设施和过高密度分布的人口成为了经济发展的障碍。内环线以内的9个老城区土地面积仅占全市土地面积的4.37%，却集中了全市一半以上的人口，居民住宅、工厂和第三产业发展之间的用地矛盾突出，且交通拥挤的情况严重。

面对经济快速发展对交通基础设施的需求，上海市政府采取了一系列的措施，如在城市内部修建"申"字形的高架快速路等，但是城市交通基础设施的建设步伐总是落后于汽车交通特别是小汽车交通的增长速度，交通拥挤状况日趋严重，城市交通压力不断增强。交通拥挤也因而成为上海进一步发展必然要面对和必须要解决的问题，加快轨道交通建设因而成为上海解决交通拥堵问题的必行之路。

其实，上海轨道交通规划建设的最初筹划始于1958年，并于20世纪60年代进行了地铁试验段的施工，但随后就被搁置下来。1986年，上海城市总体规划经国务院批准，确定上海市轨道交通网络由7条线路组成，共176km，139个车站。之后，随着城市经济的快速发展，上海市轨道建设的规划方案也几经变更。2000年，上海市与法国SYSTRA公司合作，编制完成了上海市轨道网络规划，确定上海市远期轨道线网由市域快速轨道线、市区地铁线、市区轻轨线组成，共含17条线路(其中市域快速轨道线4条、支线4条、市区地铁线8条、市域轻轨线5条)，总长约805km，其在中心城部分的长度约480km。该轨道交通网络系统已纳入国务院2001年批复的《上海市城市总体规划(1999~2020)》。

上海地铁1号线于1995年4月10日全线开通。截至2008年底,上海市区内已投入运营的轨道交通有1号、2号、3号、4号、5号、6号、8号、9号线等8条线路(图5-6)。日乘客量达268.7万乘次,全市轨道交通已经基本形成“十字加环”的网络格局,所有线路实施统一票制,线路间换乘无需换票。全市轨道交通日均换乘客流达到34万人次以上。上海轨道交通系统目前共建成8条轨道交通线路及一条磁悬浮线路,总计里程近236km。据上海市政府规划,到2010年,轨道交通将增加到11条线路,总计里程达到400km以上,而到2012年,将形成含13条线路、300多座车站、运营总长度超过500km的轨道交通基本网络,轨道交通线日均客流量将增加到800万人次。届时,轨道交通在上海城市公交出行总量中所占的比重,将从目前的15%提高到45%左右(图5-7)。

人民广场站的8号线列车

港城路站的6号线列车

图5-6 上海的轨道交通建设

5.2.2 上海轨道交通开发中的TOD考量

(1)上海中心区轨道站点与商业中心紧密结合

TOD理念的提出者针对美国城市低密度分布的状况,希望通过在轨道交通线路站点周围增加密度而提高公共交通的使用率。与美国情况相

反的是,中国城市人口密度非常高,因此,如何在已呈高密度分布的城市中合理地进行轨道交通线的选线和布局成为中国发展TOD的主要挑战。上海在这方面作了很好的尝试。

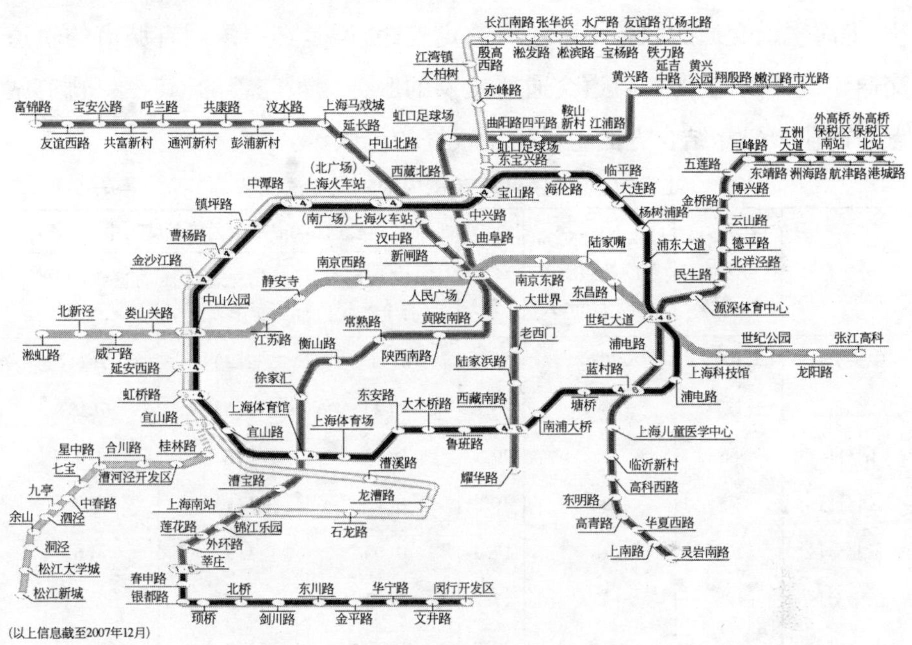

图5-7　上海部分轨道交通示意图

由于上海的商业经济高度发达,许多商业中心都在城市轨道交通建设之前就已经发展成熟,所以在轨道交通的规划设计中,必须充分考虑到商业中心对客流的引导作用。这种引导作用对轨道交通的选线、规划设计都具有决定性的影响。

为在最大限度上缓解城区内部交通拥堵的压力及实现轨道交通的最有效使用,上海已建成的几条轨道交通线路都是沿着城市原有的交通干道,以及传统的交通走廊修建的。正在建设的线路如7号线、10号线等,线路主要部分都处于城市核心区,而在线路的两端则延伸至城市的边缘区。上海的中心城区因而呈现出高强度的土地开发和高密度的轨道交通网络并存的特点。形成了具有上海特色的轨道交通与用地模式。

目前,上海中心城区内市级商业中心500m范围内都设置了轨道交通站点,另外也分别有58%的地区级中心和63%的社区级中心与轨道站点紧密结合(表5-3)。虽然和香港、东京这样的轨道交通高度发达的城市相比,上海轨道交通的服务水平还有一定差距,但是在中国现有城市的轨道交通建设方面,上海的轨道交通所提供的服务为最完善的,其在将轨道站点与商业中心相结合方面也做出了很好的尝试。

上海市中心区500m范围内的轨道交通服务 表5-3

分　区	城市建设用地(km^2)	轨道交通500m范围站点服务面积(km^2)	服务率(%)	无轨道交通500m范围内服务城市中心(个)		
				市级(规划中心个数)	地区级(规划中心个数)	社区级(规划中心个数)
中央分区	109	67	61.1	0(11)	2(7)	5(24)
北分区	127	34	26.6	0(2)	1(4)	6(16)
南分区	66	20	29.9	0(0)	4(6)	4(7)
西分区	95	34	36.3	0(2)	1(1)	8(18)
东北分区	108	18	17.1	0(0)	1(3)	4(6)
东南分区	125	22	17.2	0(0)	2(5)	2(8)
中心城区	630	195	30.9	0(15)	11(26)	29(79)
平均	—	—		0	42%	37%

(2)上海城市外围区的TOD

建设轨道交通是上海城市发展的内在要求。上海在过去几年里人口分布变化的主要特征是从浦西市区向外围区和浦东新区蔓延式疏解。到目前为止,还没有出现明显的跨区域跳跃式的疏解模式,郊区人口增长缓慢,交通对城市多心结构的引导作用也不够明显。根据第五次人口普查的数据,上海中心城(外环线以内)常住人口约915万,人口密度为1.4万人/km^2。中心区(内环线以内)人口为367万,浦西部分人口密度高达3.7万人/km^2。与世界其他经济中心城市相比,上海中心城区的人口密度显得过于稠密,疏解人口显然成为上海城市发展的主要目标。通过轨道交通的发展来引导中心城人口的向外疏解是上海市在TOD方面的一个尝试。

由于在历史上都市中心圈层之外就缺乏公共交通设施,所以新修轨道交通线路对人口流向的引导作用非常明显,如地铁1号线的南、北延长线就有效地带动了城市沿着轨道线的向外发展,沿线周围所建设的大批住宅吸引了大批居民迁去居住。

但是现有的引导型开发还存在很大缺陷。从表5-4可以看出,在都市外围圈,居住性质的土地占了很大部分,而商业和办公用地非常少。这反映了在外围圈层缺乏多种功能性质的土地联合开发。这种由轨道交通引导的单一的居住模式造成了整个轨道交通网络十分严重的"向心性",大部分居民在城市中心区工作而在郊区居住,轨道交通在高峰期的双向使用情况极不平衡。据统计,1号线南延伸段的双向不均匀系数达3.8:1,而1号线北延伸段的双向不均匀系数达6.7:1。这种情况与前面提到的北京13号线周围居住区开发的情况十分类似。

上海地铁一号线外围地区(南延伸段)站点周边地区土地使用构成　　表5-4

距离(mm)	居住	办公	商业	其他公用设施	工业/仓储	绿地	道路交通	空地
0~500	0.00%	1.60%	8.90%	5.30%	3.80%	14.80%	20.30%	3.30%
500~1 000	49.90%	0.90%	5.30%	5.40%	10.40%	12.20%	11.70%	3.40%

5.2.3　上海轨道交通网络的投融资模式

通过发展大容量公共交通,特别是建设轨道交通来引导城市发展及缓解城市的交通拥挤情况,已经成为一种共识。但是轨道交通建设的昂贵造价,使其在实施方面面临障碍。采用何等投融资模式对于轨道交通是否能够顺利发展至关重要。上海市在这方面的尝试值得借鉴。

上海轨道交通1号线自1990年起投资建设到1995年4月投入运

营，其项目资金全部由市政府筹备，资金来源包括德国、法国和美国的政府贷款，以及中资银行外汇贷款等；随后建设的轨道交通2号、5号线，仍由政府全额投资，但开始采取市、区两级政府共同投资的新模式，市、区投资比例接近6:4；从轨道交通3号线开始，投资的模式又实现了新的突破，它由上海申通地铁集团，这个中国境内第一家从事轨道交通投资经营的上市公司，负责轨道交通投资、地铁经营及相关综合开发等。申通集团由市政府注入资本金，并与各区的相关投资方合作，共同组建上海轨道网络项目的各项目公司。项目公司作为项目融资的主体，吸收各类商业贷款，落实资本金以外的建设资金。

上海轨道交通基本网络的投入产出期约30年，现金流量平衡周期约15年，与国际有关城市相比，投入产出、现金平衡周期均较短。15年内基本网络的票务等收入1 500亿元左右，运营成本750亿元左右，经营性净现金流入750亿元左右。但鉴于集中投资建设、集中投入运营的特点，贷款利息同样集中，为770亿元左右，另外还需计提折旧费用600多亿元，因此存在巨大的资金缺口。

为此，上海市主要靠资产运作的方式，通过成立申通公司，并且上市，对整个轨道交通网络的列车、机电设备、车站资产进行资本运作。在保障申通公司和其他市属国有战略投资者持有上市公司60%以上股份(其中申通集团持股51%以上)的条件下，按照上市公司净资产收益率7%左右，股票分红率30%左右，负债率50%左右测算，基本网络750亿元的经营性净现金流量，可运作的资产规模为1 000多亿元，占基本网络资产规模的50%左右，其中向社会募集资金250亿元，上市公司负债500多亿元，对申通集团而言实现资产变现750亿元，从而实现轨道交通运作资产规模与收益的合理匹配。

从整体看，上海市轨道交通网络的投融资参与方广泛吸收政府资金、国际资金和社会资金，这种投融资模式方向应该是正确的。然而通过地铁管理公司的上市,向社会募集资金的做法,由于受市场波动影响较大,故存在经营风险。目前地铁公司的上市运作资产为"列车+机电设备+车站资产",如果能将地铁沿线的土地资源参与到地铁公司的资产运作中,无疑将使上市公司更具实力。如香港地铁通过政府与地铁管理公司的合作以及政府对地铁管理公司在政策上给予的倾斜照顾,使得地铁管理公司拥有轨道沿线站点周边区域土地的所有权,可以通过地租或拍卖土地等形式获取利润,而用以支付贷款利息等地铁建设前期投入,这种做法证明是非常成功的。目前,上海地铁建设的投融资政策还没能做到这一点。

5.3 杭州、南京、武汉、成都——老城市新交通、新发展

5.3.1 杭州 BRT 的实践与争议

杭州市是长三角重要的中心城市之一。经济的发展促使杭州人口快速增加,造成道路交通不堪重负,严重制约了产业及旅游业的发展。杭州的经济活动主要集中在主城区,人们出于通勤成本、通勤时间之综合考虑,在主城区购房成为第一选择,而城区土地有限与需求量大的矛盾刺激房价不断上扬,使杭州成为全国第四个房价跨越万元级的城市。这种情况促使杭州开发新的公共交通,目前,杭州市的轨道交通线网规划已经完成,但是由于轨道交通的建设成本高、建设周期长,根据轨道交通建设规划,到2010年仅可建成2条轨道线,总长82km,到2020年也只能建成5条轨道线,总长171km,可以说远水解不了近渴。然而,至2003年底,杭州老城区机动车辆数已接近18万辆,其每月机动车增长达数千辆,城市道路建设的速度远远跟不上机动车辆的发展速度,"行路难"成为一个突出的问题,尤其在城市中心区,交通矛盾非常突出。因此,为了尽快缓解日趋拥挤的城市交通,市政府考虑通过大容量快速公交 BRT

疏解城市内部交通。2006 年 4 月 26 日,国内目前最长的快速公交线——杭州快速公交 B1 线正式开通。

B1 线开通之后的运营情况比较理想,据统计,杭州快速公交 B1 线 2006 年 4 月 26 日至 2006 年 7 月 10 日试运营 76 天,客运总量达 3.8 万人次,日平均客运量达 3.8 万人次,其中“五一”黄金周最高日客运量突破 5.1 万人次;平均运送速度达 25.3km/h。据官方统计数据,从黄龙到下沙全程约 28km,全程行驶时间约 65min。其运营速度比普通公交线路快 20% 左右。

依照城市规划,杭州市结合道路建设和路网改造,拟建设放射状或环状发展 BRT 系统。根据《杭州城市大容量快速公交专项规划》,到 2020 年杭州将拥有 11 条快速公交线路。平均时速可达 30 ~ 35km,乘坐这种没有拥堵的公交车,市民可以在一个小时内从市中心到达郊区任何地方。与此同时,还计划同步建设 8 条公交专用道,对市区 20 条道路上的 60 个公交站点基础设施进行改造,并进行 8 个公交站点港湾式停靠站点的改建工程,为市民创造便捷的公交乘车环境。

尽管目前杭州 B1 线从总体来看,应该说是成功的,但是作为杭州第一条 BRT,其开通最初在当地造成很大的反响,许多市民持强烈的反对意见。反对的主要原因在于在有限的道路上,BRT 占据了过多资源。不同于建设在为轨道用地预留车道上的北京南中轴 BRT 专用道,杭州 BRT 是在繁华的市区将原有道路通过隔离墩划分出一条专用车道。一些媒体和网民这样描述他们眼中的快速公交:在很多车辆挤在狭窄的道路上缓慢挪动的同时,一旁的快速公交专用道却空空荡荡,偶尔有一辆红色的大巴驶过。红色大巴每辆价值 200 万元,每个站台建设都要 40 万元,B1 线总投资达 1.5 亿元。4 元一张的票价对于普通杭州市民来说还是偏高,而仅有的一条 BRT 线路又不能发挥出网络效应,在可达性方面也不够理想。

针对市民提出的种种意见和具体的实施效果，杭州B1线的运营商——杭州公交集团也不断对BRT线路进行调整和完善。具体措施有：允许每天近600辆次常规公交在BRT专用道上行驶；实施一票制同站换乘；建立和快速公交相连接的BRT支线，完善快速公交网络。

伴随着争议的声音，杭州第二条BRT——快速公交B2线也已经上马开工，显示了杭州市大力推进BRT系统，落实"公交优先"政策的决心。

在中国各大中心城市快速扩张的背景下，杭州快速公交所遭遇的问题，也会是其他城市所遇到的问题，市民对新事物需要有一个接受的过程。随着不断完善的BRT网络以及换乘系统的建成和完善，杭州的BRT系统必将朝着高效、合理的方向迈进。而随着乘客数量的增长，BRT系统与周边土地开发的联动效应也将不断加强，从而更能发挥BRT系统的导向作用，合理引导城市发展。

5.3.2　南京地铁建设与周边土地开发

南京是江苏省政治、经济、文化的中心，全市辖十一区两县，总面积6 598 km^2，市区面积4 736.67km^2。全市总人口624万，城市化水平为71%。城市人口密度为1 084人/km^2。南京总体规划(1990～2010年)提出都市发展区的城镇空间布局结构为，"以长江为主轴，以主城为核心，结构多元，间隔分布，多中心、开敞式的现代大都市空间格局"。经济的增长促使南京市人口快速增加，同时机动车保有量也持续增长，私家车增长迅速。至2005年底，民用机动车保有量达64.63万辆，比2004年增长11.2%；私家车1.8万辆，占民用汽车总量的57.2%。城市交通问题，特别是中心区的交通问题变得非常严峻。为此，南京市试图通过发展大容量的公共交通系统，来疏导城市及中心区的交通压力，并引导城市发展。

2006年9月3日，全长21.72km的南京地铁1号线在成功试运营一周年后，正式投入商业运营，南京城市公共交通发展因而开始进入“地铁时代”。轨道交通的开通给这个具有悠久历史的城市带来了新的经济活力，它促进了城市中心商业区的向心效应。目前已经运行的1号线和规划实施的2号线都经过南京的中心区域。1号线直接穿越新街口商业圈，为市中心带来大量人流，促进市中心的商业活动及办公楼的发展。此外，方便的轨道交通使人们更愿意采用轨道交通加步行的交通模式，减少私人汽车的使用，促进了新街口核心区步行化。

2005年8月26日是南京地铁1号线开通的第一天，据当地媒体的报道，当天南京的商业区新街口附近的商铺经营者都切身感受到了地铁交通给商家带来的冲击。新百是位于地铁1号线10号出口旁边的一座大型百货商场，地铁出口直接连通新百地下负一层。当地的媒体在地铁10号线出口处观察发现，一趟地铁可给新百带来了约500人，以地铁10min一班计算，一个小时就带来了约3 000人的客流。而新百双休日营业时间是早上9点到晚上10点半，地铁是9点半结束营业，这样一天下来，仅现已开通的地铁10号出口就给新百带来了约37 500人的客流。据新百负责人介绍，地铁未开通前，新百平时的客流在4.5万人，双休日人数则上升到8万人。地铁全面开通后，客流将飙升30%～32%。地铁1号线全线贯通的两天内，新百销售额同比上升了30%。

此外，地铁的开通也使南京市的商业格局由以新街口为主商业核心、山西路(湖南路)为次商业中心的分布形式向多中心的商业分布形式转变。轨道交通的建设使得南京市轨道沿线土地价格明显升值，促进了土地以集约化模式开发，地铁沿线正在逐渐形成新的商业走廊。

轨道交通的建设不仅促进了南京市商业中心的更均衡分布，同时也促进了老城区旧城改造和土地置换的步伐。同中国的许多其他城市一样，受旧有城市土地使用制度的影响，南京市过去的城市主要功能是第

二产业即工业生产，因而城市土地利用功能混杂，许多工业用地位于城市主要部位甚至是在市区中，如南京矿山机械厂、下关发电厂、大校场机场、金陵石化、南京电瓷厂等。此外，在繁华的商业地段又夹杂着大量的住宅，如中山南路（新街口附近）、建康路、长乐路（夫子庙附近）。这些情况说明，南京市旧城区的城市功能布局处于非常混乱和不合理的局面。近年来情况变得更糟，城市中心区人口膨胀、交通堵塞、住房紧张，城市的主要活动都拥挤在极为有限而又非常杂乱的空间内进行，因而造成城市整体功能无法充分发挥作用，也使得旧城改造开发极为困难。

快速轨道的建设伴随着大规模的开发活动，为南京市的旧城改造带来契机，使城市空间实现了置换。过去市区高昂的土地价值沉淀于旧民居之中，城市土地经济效益不能发挥，而轨道交通线的建设打破了固有土地利用形态，优化土地资源的配置，从而促进旧城区再创繁荣。

2003 年南京市实施了一项重大改造工程，即京沪高速铁路南移。原靠近中华门的铁路南站将南移到共青团路附近，原来南站附近的土地利用因而得到调整优化，使新南站地区取代中央门成为南京客流量最大的交通门户。南站地区交通枢纽的形成将直接带动岔路口地区及更大范围地区的土地升值，并促进东山新市区的快速发展。此外，高铁南线方案也利于机场周边土地功能的置换，目前该地区主要是乡镇工业、居住以及少量的商业、市政和农民居住点、农田等，周边用地布局较为混杂。南线方案也给其他南部地区，如桥林新城、江北新区、板桥新城、沧波门地区，带来繁荣发展的机遇，加速这些地区基础设施的建设及土地置换步伐。

5.3.3　南京地铁建设的投融资政策与联合开发策略

从世界范围看，地铁作为公共交通产品，普遍陷入亏损，而香港地铁则实现了盈利。南京地铁多次赴港考察盈利“秘笈”，认为盈利原因除了香港每天300万人的客流量之外，地铁建设的“香港模式”是个主要原因。该模式的核心是，政府将地铁沿线土地划给地铁公司，由其进行地铁及沿线地产的开发，并获取收益，而这些收益反过来又可以促进地铁的建设。

按照南京城市轨道交通线网规划，2010 年要建成两条轨道线路。轨道交通 1 号线于 2005 年 9 月试运营，2006 年 9 月 3 日正式投入运营。轨道交通 2 号线也于 2006 年 7 月全面开始建设。然而，一方面轨道交通 1 号线的建设已经占用大量资金，市政府要用 26 年时间每年安排 4 亿元财政资金支出才能还本付息；另一方面，为迎接十运会、名城会，南京市还要进行若干项新的基础设施建设工程，资金问题十分突出。

为了解决轨道建设的资金难题，南京市决定将香港模式复制到 2 号线的融资中来，即政府给予 2 号线沿线土地的收益权，结合工程沿线的拆迁资金投入和土地上盖物业的开发，完成项目的资本金的筹集，达到银行贷款融资的要求。其主要做法是，通过发挥政府引导和企业主导的双重作用，利用轨道交通专项基金和政策给予的配套土地，实施地铁内在资源和上盖物业捆绑式开发，从而形成多种融资手段。轨道交通建设促进地产升值，沿线土地、地产、上盖物业的开发和经营会产生巨大利润，再加上轨道建成后的运营票务，将形成轨道交通的两大收益，由此破解资金瓶颈难题，形成明显的投入产出能力和强劲的还本付息机制，确保南京轨道交通的可持续发展。

在联合土地开发方面，南京市政府责成规划局、国土局为地铁 2 号线划出能够产生一定收益的上盖物业建筑面积，划出红线，确定位置，专门存储于市土地储备中心和地铁公司名下（目前共有 1.5 万亩）。地铁公司利用这些土地，在政府给予的政策条件下实施市场化运作，承担起

后续建设资金的筹集和还本付息的所有责任，政府不再承担任何风险。其运作方法是：地铁公司先期用这些土地抵押给银行取得贷款，后期则通过地价上升，以及土地变现、地产开发、上盖开发、上盖物业经营、地铁资源经营、地铁主营票务和地铁关联产业经营等获取收入，实现其投入产出能力，与此同时，通过融资盈利模式的有效配置，建立稳定的还本付息渠道。如此，该筹融资模式的还本付息机制可全面建成，南京地铁因而可以进入到一个持续发展、符合 TOD 模式的良性循环阶段。南京地铁 2 号线共获得了 58 亿元的银团贷款，在签约仪式上，南京地铁公司总经理朱自强透露，按照获得这笔贷款的筹融资模式，南京地铁 2 号线有望不再花财政一分钱，这是南京市乃至江苏省迄今为止最大的单笔贷款项目。南京地铁 2 号线一期工程总投资达 100 多亿元，其中资本金 42 亿元，缺口部分必须通过市场化融资来完成。按照国家的政策，超过 8 亿元以上的项目贷款必须组建银团。此次由国家开发银行江苏省分行牵头，联合省中行和省建行，共同向该项目提供 25 年期 58 亿元贷款。

南京地铁共获得地铁 2 号线沿线大约一万亩左右的土地储备。考虑到地铁通车后土地惊人的升值空间，南京地铁融资有底气，而银行也有信心。此次三家银行组建银团发放 58 亿元的贷款，表明了银行对 2 号线沿线土地升值前景的看好。

南京地铁 2 号线投融资模式的具体操作步骤是：随着地铁的建设及土地升值效应的逐步释放，南京地铁对沿线土地进行逐级开发，如开发房地产，或进行物业出租，而这些来自土地的收益将化为建设和还贷资金。依照南京地铁管理层的估计，所有的收益将完成地铁建设资金的还本付息和运营亏损补贴，因此，地铁可以不再需要市级财政安排任何资金用于 2 号线的建设和运营补贴。

轨道交通建设的投融资是中国各城市在发展大容量公共交通及实施 TOD 方面所面临的难题，南京的实践为此提供了很好的借鉴。

5.4 深圳、广州—轨道交通与土地开发相互促进

5.4.1 深圳的城市形态与深圳地铁1号线

2002年8月,深圳市规划局与计划局共同组织编制了《深圳市城市轨道交通近中期发展综合规划》方案。该方案反映出深圳市的城市建设出发点是,以城市轨道交通为依托,优化交通结构,完善城市功能。其目的是建成以城市轨道交通为骨干的绿色交通体系,同时兼顾土地的集约开发和城市的功能分区、综合布局,促进城市的可持续发展。而2007年制定的《深圳市城市总体规划(2007~2020)》,则进一步确立了深圳市的城市空间布局策略,具体情况如下。

(1)外协内连

加强深圳与香港和广州、东莞、惠州及珠江西岸城市的联系,推进区域协调发展,加强特区内外一体化建设,调整城市空间布局。

(2)重组预控

在全市范围内优化配置行政管理等各项资源,调整城市分区,重组发展格局;预留城市远景发展用地,控制并引导区域性重要发展走廊和战略性节点地区的建设,优先配置城市公共服务设施和基础设施,发展战略性支柱产业。

(3)增心改点

建设具有区域价值的战略性节点地区,增加发展极核,建设多个城市高端服务职能集聚点,推动空间结构由单中心向多中心发展;由点突破,在城市发展矛盾突出的旧工业区和城中村率先进行示范性城市更新改造。

(4)加密提升

适度提高适宜地区的开发强度,节约集约利用土地,紧凑发展,推动

土地功能的混合使用,提高土地资源的综合承载力。以重要节点地区的新建和改造,强化城市特色,提高城市服务功能和空间环境质量。

深圳出口外向型的城市功能对城市空间发展具有导向作用,依靠其优越的地理位置而发展成的深圳特区形态具有典型的带状城市特点,其东西长 49km,南北平均宽 7km。然而,在一条狭长的地带上,各向车流、人流相互交叉、干扰,道路交通成为深圳发展中遇到的严重问题。修建轨道交通成为缓解深圳交通拥堵状况的必要措施。

深圳地铁的主线为 1 号线,它是沿深圳东西向而修建的主要公交走廊,用以满足市区东西之间的大量交通需求。该线路共含 20 座车站,以人口众多的罗湖口岸为起点,经繁华的市中心国贸、老街、大剧院、科学馆、华强路岗厦、会展中心、购物公园、香蜜湖、车公庙、竹子林、桥城东华信城到世界之窗,全长 17.387km(图 5-8)。

图 5-8　深圳地铁 1 号线和 4 号线示意图

在交通需求过大的区域修建大容量公交,是中国许多大型城市解决交通拥堵问题的主要办法。许多城市都将第一条轨道交通线路规划在交通需求最旺盛的区域,这样做一方面是为了最大限度地缓解交通拥挤的局面,另一方面也保障了地铁运营期间的搭乘乘客数量,确保地铁运营商的票价收益。深圳地铁 1 号线也不例外地采取了这种做法(图 5-9)。可以说,城市发展的需要促进了深圳轨道交通的建设和发展,而轨道交通建成后发挥的效应又进一步促进了深圳城市的发展。

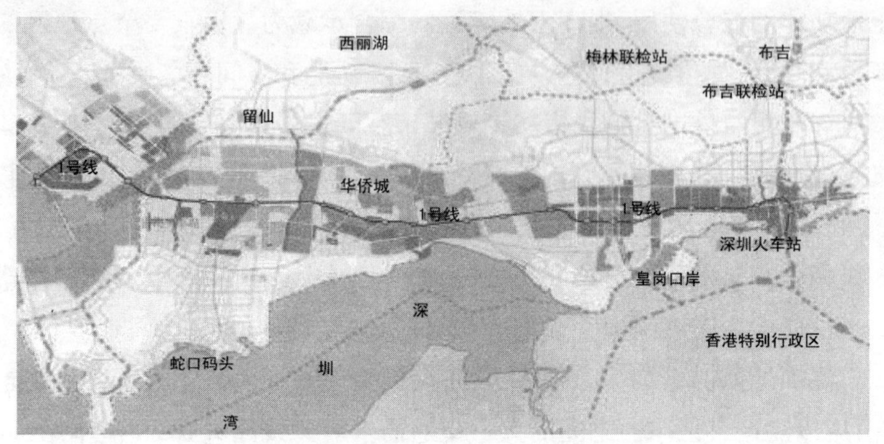

图 5-9 深圳地铁 1 号线联结了深圳东西带的狭窄区域

除了经营地铁运营外,深圳市地铁有限公司于 2003 年 9 月成立了资源开发分公司,负责物业、广告、商贸、通信等地铁资源的开发利用。根据有关规划,深圳地铁商业发展将分为站厅内零星商铺物业、站厅内中型商业物业和与站厅相连的地下商业街等 3 种形式。目前,深圳地铁包括大剧院站、会展中心站、世界之窗站等三个站厅层,拥有物业区面积分别为 1 000m^2、1 800m^2、750m^2。此外,市民中心站、岗厦至会展中心区间、会展中心至购物公园区间设有地下商业街。而小商铺(包括便利店、冲印店、银行、书报亭等)主要分布在各站的站厅。

轨道交通的建设促进了深圳地铁沿线地价的上涨和物业开发。在地铁侨城东站附区的碧海云天、锦绣花园属近年的新楼盘,其售价大幅飙升,租金一路看涨。而深圳车公庙一带的写字楼售价在 20 世纪末还只是 400 元/m^2,问津者寥寥。随着 2001 年地铁全线开工,该老区的物业迅速升值,到 2002 年底达 8 000 元/m^2,随后更升至 1.2 万元/m^2 左右,涨幅高达 200%。

随着深圳地铁投入运营,各路商家纷纷摩拳擦掌,试图抓住地铁站附近的商机,其中最为亮丽的莫过于华强北商圈。福田区经贸局主任朱世平透露,李嘉诚旗下的公司最近已签约,投资 20 亿港元打造华强北地铁商圈，未来华强北将打造 9 个专业街区，成为全国具吸引力的商业中心。

在地铁站附近商机日渐凸显之时，大规模地下商业网也渐露端倪，深圳零售商业协会秘书长花涛说，深圳地铁有助于形成新的商业区，催生新的商业格局，他认为地铁出口站点商业未来会以连锁方式经营，地下商业将成为深圳商业的新特色。胡剑平表示，深圳地铁一期工程开发的两个大型物业，就是将站厅、站台与地下商场建成相连的两个地下商城，一个是由人防工程移交过来的从岗厦到会展中心占地近 5 000m^2 的地下商业街，另一个是与市民中心一层连通的地下商城。轨道交通成为促进深圳发展的有效动力。

5.4.2　深圳地铁一期与周边土地互动分析

深圳地铁一期包括 1 号线和 2 号线共 21.7km 长的线路，于 1999 年开工建设，2005 年建成通车。作为深圳市第一批建成的轨道项目，深圳地铁一期承担着双重职能，一方面，它要使线路和站点位置选择尽量覆盖密集建成区或具有较大发展潜力的新区；另一方面，通过对轨道沿线土地利用规划的调整，将大量居住及就业人口高密度地聚集在轨道站点周边，以提升轨道客流量及沿线土地资源价值，其中对土地功能（尤其居住功能）及发展密度的引导至关重要。

但是，在 1 号线的规划初期，由于主要沿袭传统地铁规划程序，且规划理念不足，地铁线网规划及工程可行性研究及初步设计，均与周边用地规划缺少衔接，导致了轨道建设规划与土地开发规划的不协调、不统一。目前，1 号线沿线地下空间使用整体上来说功能相对单一，65% 仍为配建停车。1 号线的华强北站位于深圳市最繁华的商业区，却由于当时在车站设计时没有考虑到周围土地的高开发强度，导致车站的设计规模偏小，4 个出入口难以应对不断增长的巨大人流通行需求。此外，深圳地铁1号线虽然沿线两侧800m半径覆盖范围(约40km²)的居住及就业人口密度达到4.75万人/km²,但多数车站200m腹地平均容积率水平却相当低,1/4的站点周围平均密度低于1,难以实现核心腹地的高度聚集效应(表5-5),也不符合TOD模式所提出的,在车站周边土地开发强度最大、容积率最高,而强度和容积率随着用地与车站距离增加而减少的规律。下节所介绍的深圳地铁4号线,在这方面进行了大幅改进。

深圳轨道一期沿线各站点200m腹地容积率一览 表5-5

站点名	罗湖站	国贸站	老街站	大剧院站	科学馆站	华强路站	岗厦站	会展中心站	购物公园站	香蜜湖站
1999年净容积率	2.48	7.17	2.15	3.71	1.70	3.08	5.08	0.02	0.13	0.39
2005年净容积率	2.63	10.08	3.95	4.05	6.26	11.08	5.03	0.19	2.38	0.44
站点名	车公庙站	竹子林站	侨城东站	华侨城站	世界之窗站	少年宫站	市民中心站	福民站	皇岗站	平均净容积率
1999年净容积率	0.42	0.38	0.55	1.34	0.47	0.01	0.00	1.46	1.02	1.68
2005年净容积率	3.00	0.23	1.95	1.34	0.58	0.40	2.26	4.09	1.69	3.31

5.4.3 深圳地铁4号线的融资模式

深圳特区由于在地理位置上紧靠香港,因此其轨道交通的建设受香港的影响很大。深圳地铁从设计阶段开始,就考虑了4号线与香港西铁的对接,在实现深港两地轨道交通联网后,从深圳会展中心站上车,到香港中环下车,仅需要40min,与在同一个城市乘车一样方便快捷。此外,规划中的杭州经福州到深圳的客运专线,也将在龙华与地铁4号线交汇。

地铁4号线二期工程全长15.8km,共含10个车站,它将与香港九广铁路落马洲支线实现接驳,连接香港地铁网络。目前,香港地铁公司已经初步获得了深圳地铁4号线二期工程的投资建设权以及4号线全

线的运营权。该工程由香港地铁公司投资建设，完成后由港方经营30年，期满后无偿移交给深圳市政府。按照协定，香港地铁有限公司将投资约60亿元，同时获得4号线沿线土地与轨道综合物业约290万m^2建筑面积的开发权，打破了国内地铁建设由政府投资的模式，是一种TOD理念所体现的“联合开发”的地铁经营模式。香港地铁公司将在4号线沿线开拓290万m^2的物业综合项目，包括2.9万个住宅单位，每单位约100m^2，其余将用作商业用途，全部按照市场定价。

香港凭借已有的经验提出了“珠链式”的开发建设和以轨道交通为骨干的综合交通两种模式，对轨道沿线特别是站点核心腹地的土地进行了调整，对城市空间资源重新进行了整合，实现了土地利用与地铁运营良性互动的理想模式。

梁黄顾建筑师（香港）事务所有限公司和美国JERDE国家建筑师事务所借助轨道交通的建设，对深圳龙华二线拓展区提出了新的开发理念，即：①珠链式开发理念：对站点核心地带进行高密度综合开发，充分发挥轨道站点的便捷交通优势，以吸引大量客流，实现商业化运营；②生态理念——“绿色手指”：将周边生态走廊引入用地中部，整合内部绿地系统，提升整体环境品质。围绕这些理念，对地块开发和地铁站的建设采用同步立体式综合开发模式，以平衡城市开发量为前提，实现车站核心区内高强度的综合开发，并营造核心区良好的生态环境。

曾参与一年多合作谈判的深圳市计划局副局长陈彪表示，香港地铁公司在结合轨道交通建设对沿线土地进行开发方面有非常成熟和成功的经验，深圳轨道交通项目对香港地铁公司开放，不仅促进了深圳的基础设施投融资体制改革，还将进一步加强深港在交通、房地产、商贸、社会服务等行业的合作，为香港服务业拓展内地市场带来新的契机。地铁也将有力地推动深圳地铁沿线房地产及各种产业的发展，从而促进深圳整体经济的发展。

5.4.4 轨道交通及广州的城市空间格局

近几十年来,广州市的经济快速增长,与此相伴的是人口密度大幅提高,机动车数量快速增加,从而引发交通需求日益增长,市中心区城市用地也越来越紧张。据2006年广州市交通年报统计,进出中心城区的车流总量超过145万标准车/白天12h,较上年增长26%。广州市在道路交通流量的快速增长的情况下,决定加快轨道交通的建设步伐,并希望通过轨道交通引导发展的土地利用模式,拉开城市布局。

广州市的发展思路是“拉开建设、优化布局、新区先行、带动老区”,采取交通引导发展的模式。近年来,广州市交通基础设施建设取得了长足的发展,轨道交通也初具规模。截至2008年底,共开通了1号、2号、3号、4号地铁线,线路长度达到116km,日客运量突破110万人次。广州市希望在城市发展方面,通过轨道交通线,串联城市主要发展区域,从而达到拉开城市布局,推动城市空间拓展与人口疏散,优化城市客运交通结构,提高客运服务能力的目的。

广州在20世纪60年代的城市总体规划中就强调以组团方式促进城市发展,但实际上,由于组团之间的快速交通联系没有得到解决,中心区组团具有巨大的吸引力和活力,而反磁力中心并未形成,城市结构仍呈现“单中心”式,旧城区面临很大的开发压力,建筑密度不断提高,原有的道路和基础设施不堪重负。为了满足交通的需求,高架路、立交桥在旧城区纵横交错,导致城市空间被反复切割,显得支离破碎,缺乏整体性和协调性。城市环境和生活品质恶化,加之地价高昂,广州的城市竞争力受到影响。近年来,随着以轨道交通为主的城市交通骨架和立体化交通运输体系的形成,广州城市空间结构开始实现从单中心向多中心转变,逐步形成具有与中央核心区互补和竞争的郊区副中心的现代多中心城市格局。轨道交通促进了边缘区与城市中心区在经济、文化上的协调

发展,在城市中心区的持续辐射之下,边缘区的人口和工商业发生聚集效应,开始逐渐形成城市次中心区和卫星镇。

地铁1号线的全线通车,极大地改善了天河区与旧城区之间的交通,从而吸引了旧城区人口的外迁并加速了商业中心的东移。地铁的建设除了使原有北京路——中山五路附近的城市CBD得到加强,天河副中心的地位也得到巩固。广州地铁3号线以天河客运站为起点,番禺区市桥为终点,诱导城市的南拓发展。其中,在广州市中心城区东南部的琶洲岛,一个以会展博览、国际商务、信息交流、旅游服务为主导的新城市副中心正逐渐形成;在番禺小谷围岛,一个高级人才培养、科研交流中心已初具规模;而在番禺南沙,一个以现代物流业、临港工业和资讯产业为重点的新的产业带正在兴起。这些轨道线路的节点都将成为广州未来的次城市中心。

轨道交通的建设,既满足了城市中心区的交通需求,又改善了环境质量,而随着城市副中心的形成和部分城市功能的外移,广州城市中心区作为城市政治、经济、文化中心的功能进一步强化。良好的地理位置和发达的交通网络是中心区之所以繁荣的主要原因。其表现在:第一,中心区居住出现分层化和集中化的趋向。伴随地铁建设和街道改造,越秀、东山两区的原低层与多层的零散居住楼房拆除,主要居住功能外迁,回迁的住宅居住等级提升,同时区位适当集中。目前中心区住宅区主要集中在锦城花园、金晓花园、金羊花园和东风广场;荔湾区内仍保留了古老的西关大屋等低层民居和商业街上层的住宅,但也集中发展了一些较高等级的住宅小区,如恒宝华庭、文昌花园、龙津花园等。第二,中心区传统的商业优势、地位、特色得以强化,出现了商业与休闲旅游一体化趋向。在整个老城区商圈中,北京路的商业气氛已经很浓,地铁修建后,地铁1号、2号线的接驳点为公园前站,越秀区政府更加大对北京路商圈的升级改造,商业地位举足轻重,商业呈进一步集中的趋势。荔湾广场、中旅商业城、中华广场等大型商业区强化了中心区商业骨干的功能。

地铁作为大容量、快速、准时的交通工具,对居民远距离出行的吸引优势明显。广州地铁1号、2号线开通后,芳村、番禺、白云、天河各郊区的楼盘反应极为强烈,特别是3号线终点站确定延伸至番禺后,购房者打消了番禺离市区较远的顾虑而考虑置业。3号线拉开了城市布局,促进新的城市南北中轴线的形成,进一步强化了广州与番禺新区及周边“卫星城”的交通联系,有助于实现打造大广州的战略目标。今后随着广州城市6条地铁线路和珠三角轨道交通网的建设,广州的城市规模还将不断扩大,其华南地区中心城市的作用也会更加明显。

广州市快速轨道交通发展目标是:构筑支撑区域融合、城市拓展和交通发展的多层次、一体化、枢纽型轨道交通线网系统,采用“先搭骨架、后提高服务水平”的发展理念,改善交通条件与引导发展兼顾,支持重点发展项目线路的优先建设。到2010年,广州市轨道交通通车里程将达到250km左右,内环以内轨道交通站点500m服务半径站点覆盖率达60%以上,外环以内500m服务半径站点覆盖率达到30%以上,轨道交通将承担公交客流25%以上。而到2020年,轨道交通线网总长则将达400km以上,承担公共交通客流的40%左右,实现以轨道交通为主体的城市客运交通模式。

5.4.5 基于TOD的广州轨道交通规划体系

轨道交通规划对整个城市的格局具有导向作用。广州市的轨道交通规划体系,不仅从城市空间总体布局和交通需求疏导方面对整个轨道线网进行规划,同时也对轨道沿线用地进行了控制性详细规划,并制定了轨道交通衔接规划。轨道交通衔接规划的目的是加强轨道交通线路之间,以及轨道交通与其他交通工具之间的相互连接,使其成为相互贯通的网络,增强其可达性,从而最大限度地发挥轨道交通的作用。

广州市筹划建设轨道交通始于20世纪60年代。由于经济技术和政策原因，地铁工程的开发建设经历了漫长的过程，直到1984年后广州市才真正开始城市快速轨道线网规划。

广州市的轨道交通规划理念经历了从20世纪70年代的“战备型”，20世纪80年代的“客流疏导型”，到21世纪的“规划引导型”与“内优外拓”型的演变，这一演变也正是其城市发展的写照。2000年，广州市番禺花都撤市建区后，改变了城市形态，市区规模由1 434.7km^2扩展到3 718.5km^2，城市空间在“南拓、北优、东进、西联”发展战略指导下，形成一江多岸、两个发展轴、两个转移带、三条用地带、三个大港、四个物流中心的都会区结构。然而，随着珠江三角洲区域整体经济实力的快速提升，广州市作为华南地区和珠江三角洲的中心城市，面临巩固和强化城市地位，增强城市辐射功能的压力。为适应和支持城市发展战略而制定的广州市轨道交通线网规划，其作用就是实现对城市空间结构的调整，并同时满足城市客运需要。

图5-10所示为广州市轨道交通规划编制层次体系。在轨道交通线网规划和轨道交通近期建设规划的基础上，广州市的轨道交通开发在具

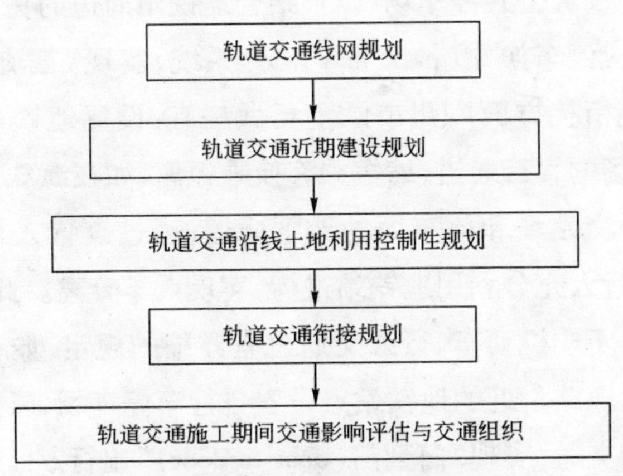

图5-10 广州市轨道交通规划编制层次体系

体实施方面主要依赖于轨道交通沿线土地利用控制性规划和轨道交通衔接规划。

轨道交通沿线土地利用控制性规划是对轨道沿线两侧各约300m及车站周边约500m范围的用地进行控制，规划详细程度需达到控制性详细规划的深度要求。该规划首先确定土地利用整合范围，即以轨道交通站点周边500～800m半径的用地作为研究范围，然后根据道路的走向和街区的大小进行调整，从而划定合适的规划范围。其次，通过综合容积率等指标对规划地域范围内的地块综合开发强度进行分析，并对所含所有土地进行规划和整合。

轨道交通衔接规划的作用是优化和整合轨道交通沿线交通资源配置，以充分发挥轨道交通高效、舒适、快捷的特点。该规划的主要内容包括：为客流量大的地铁综合枢纽站规划设置衔接公交站场用地；规划设置公交换乘枢纽，以实现立体化衔接和"零换乘"；规划地铁站周边公交停靠站的分布，合理调整停靠站与地铁出入口的距离；合理安排停车换乘系统，引导小汽车换乘。广州市为了减少城区外围车流驶入城市中心区，缓解市区道路的交通压力，结合道路网的特点，在城市边缘地区的地铁枢纽站规划设置公共停车场，以及结合地铁站周边的物业开发设置地下停车库，形成停车换乘(park and ride)系统，实现"截流"的目的。在规划行人设施衔接方面广州市的主要做法有：设置地铁站通往公交站场、公共停车场的直行通道，缩短乘客换乘距离，如在海珠广场站就规划设置了通往公交站场和停车场的地下通道；通过设置人行立体过街设施，以及引导行人充分利用地铁站过街，实现人车分离。此外，广州市轨道衔接规划对于非机动车、行人交通也有详细的规定，如在城市边缘区和市区生活性道路附近的地铁站点设置自行车停车场，以方便居民由自行车换乘轨道交通，实现"门到门(door to door)"出行。

第 6 章　分析与建议

中国的许多城市在发展公共交通以及进行 TOD 模式的城市开发方面进行了积极的探索,并取得了宝贵的经验和教训。但总体来看,目前中国在 TOD 的实施方面仍处于初级和探索阶段,中国目前尚存在许多因素阻碍 TOD 的顺利实施,如现行的某些制度政策、现有的机构体系、实际操作中的资金及技术问题等。

这一部分首先从规划、审批、投资建设、运营管理的角度对中国在实施 TOD 过程中的制度背景进行阐述,然后对中国城市在实施 TOD 方面所面临的障碍进行比较详细的分析,最后在总结国内外城市交通建设方面先进经验的基础上,对在中国实施 TOD 提出对策和建议。

6.1　中国城市实施 TOD 的制度环境

中国的法律和制度复杂且多层次,在实施 TOD 的过程中,这些法律和制度虽然在一定程度上有助于明确 TOD 相关各方的责任和权利,但与此同时,有关法律和制度规定中的部分内容却也形成实施 TOD 的阻碍因素。这些制度上的障碍体现在实施 TOD 的各个环节,包括规划设计、项目审批、投资建设、运营和管理等。

6.1.1 在中国进行 TOD 相关项目规划设计的制度环境

TOD 涉及城市土地利用规划和城市大容量公共交通系统(特别是轨道交通系统)规划两部分,二者必须协调和统一。具体来说就是:必须把轨道交通的发展规划与宏观层面上的城市总体规划、中观层面上的城市设计和分区规划以及微观层面上的地块用地规划紧密地结合起来,合理布设轨道线网和站点,并对轨道网线及站点周围的土地进行合理规划,使城市的发展形成以公交为主导的局面。

(1)中国土地利用规划制度现状

中国土地规划体系仍不完善,目前还缺乏对土地利用规划具有宏观指导作用的国土资源综合开发整治规划。从国外通常的情况来看,其最高级别的土地规划体现国家的社会经济发展规划,对下一层次规划只具有指导性作用,而地方制定的规划内容则十分详细,往往是厚厚的一本,并附有分类很细的规划图。中国的土地利用总体规划体系按行政区域分为国家、省、市(地)、县(市)和乡(镇)五级,与相关专项规划构成土地利用规划体系。这五级规划内容比较雷同,大多是宏观上过细,微观上过粗。事实上,各级规划由于性质和作用不同,其内容深度应当有所不同,因此,土地利用规划的目标、内容、方法应有所改革。具体来说,国家和省级规划属政策引导性规划,应体现全国和省域范围内社会经济发展目标和土地利用方向,其着重点应当是,制定土地利用政策,协调跨区域重点项目等;地(市)、县(市)级规划属布局性规划,应当按照上一级规划的土地利用控制指标,确定区域性土地利用布局及进行土地用途管制分区划定,确定分区土地利用方向和土地利用管制规则;乡(镇)级规划属实施性规划,其内容重点是土地用途分区管制和用途编定。

在中国,由于管理体制的原因,土地利用总体规划和城市规划是分开的,其分别由土地行政主管部门和建设行政主管部门来管理。虽然土地管理法规定城市总体规划应当与土地利用总体规划相衔接，在法律上明确了两者之间的关系，但在实际操作中，真正处理好土地利用总体规划与城市规划及其他专业规划的关系并不是一件易事，城市规划往往和土地利用规划脱节。这种土地管理和城市规划管理的分割状态，在客观上容易导致二者在规划的内容及规划的执行方面发生利益上的冲突，也人为地增加了规划的成本。

(2)中国轨道交通规划现状

城市交通规划的目的是，在了解城市现有的交通形态和土地使用状况的前提下，针对城市未来发展，模拟城市未来交通发展状况，预测交通需求，设计科学合理的交通系统，使其既满足居民出行要求，又确保资源得到合理配置。城市轨道交通规划属于城市交通规划的一个分支，城市轨道交通规划是在城市交通规划的基础上，科学分析客流发展趋势和不同交通方式在城市中的发展比例，同时结合城市的自然地理条件，合理规划路网，确定轨道交通发展规模及布局，并制定相应的交通政策。

一般来讲，一个城市是否可以进行城市客运轨道交通建设有两个重要的前提条件，一个是城市规模及人口密度；另一个是城市的经济实力。这两个条件中，前者回答客运轨道建设的必要性，后者回答客运轨道建设在经济方面的可行性。中国现阶段申报发展轨道交通的城市需具备这样的条件：

申报发展地铁的城市要达到，地方财政一般预算收入在 100 亿元以上，国内生产总值达到 1 000 亿元以上，城区人口在 300 万人以上，规划线路的客流规模达到单向高峰小时 3 万人以上；申报建设轻轨的城市要达到，地方财政一般预算收入在 60 亿元以上，国内生产总值达到 600 亿元以上，城区人口在 150 万人以上，规划线路客流规模达到单向高峰小时 1 万人以上。

这可以说是一种一刀切的划分方式，它虽然有利于控制轨道交通建设的盲目过热，但同时也有可能将一部分确实需要建设轨道交通的城市排除在外。因此，建议将各限制要素附加权重，然后根据各要素及其加权指数综合评分，总分达标者可以考虑进行申报城市轨道交通建设。

预估客流量一直是中国在进行是否建设轨道交通决策方面的关键要素。20世纪90年代，中国的地铁建设标准曾规定，百万人口以上的大城市在主要客运通道上单方向高峰小时达3.5万人以上允许建设地下铁道，而远期则需要单方向高峰小时要达5万人以上。城市业主单位和设计单位按此标准进行地铁系统的设计和建设。实践证明，这一标准定得偏高了。在世界各个国家的几百条地铁线路中，除日本少数线路外，很少有线路能够达到这样大的运量。后来，建设地铁的客流标准逐渐降低，由单向高峰小时5万降为4万，再到如今规定的3万。标准虽然降低，但它仍作为所申请的轨道交通建设是否得以立项的主要门槛，其合理性应该说还有待商榷。例如新近建设的天津滨海快速轨道交通线，在运量上远达不到国家建设标准的要求，但从天津城市整体发展的角度来看，需要中心城市与滨海新区有效、快速地连接，从时间上对空间距离进行弥补。轨道交通线在新区吸引人口方面起到了重要作用，有助于新区短时期形成规模。因此，票款收入虽然是轨道交通运营的重要经济支柱，但不宜以此作为是否进行轨道交通建设的决定性条件。应注重轨道交通给城市带来的整体及长远效益，如果城市总体效益有较大提升，那么客流就不该成为瓶颈对轨道交通提出过于苛刻的限制要求。特别是在城市外围建设的TOD新区，需要有轨道交通线连接才可能逐渐扩大规模，实现引导城市发展的目的。因此，单以眼前客流量决定是否建设轨道交通的做法，在某种程度上不利TOD理念的实施。

此外值得注意的是，并不一定达到规定客流的城市就适宜建设轨道

交通。解决城市交通客流的方式有多种,在其他条件不成熟时,轨道交通的建设应谨慎。目前中国城市在轨道交通方面,大多选用地铁与轻轨,对轨道交通的其他类型,如市郊铁路、单轨系统、有轨电车等还缺少足够的关注。

针对城市的具体情况进行城市轨道交通可行性的研究,是目前中国轨道交通建设的前期必备工作之一,表6-1所列为城市轨道交通规划可行性研究所包含的内容。如果项目可行性研究报告通过审批,则项目得以立项,因此可行性研究报告的编制,在很大程度上以通过审批为目的。然而,与项目可行性研究报告平行进行的轨道交通战略规划,则以客观、理性为原则,二者的出发点不同,因此不可避免地存在矛盾,这对下一层面的规划产生不利影响。这是城市轨道交通规划在广义范畴内的一个尚待解决的问题。

城市轨道交通规划可行性研究内容 表6-1

工作阶段	机会研究	初步可行性研究	可行性研究	评估与决策
工作性质	项目设想	项目初选	项目拟定	项目评估
工作目的	选择项目,寻找投资机会	专题研究,分析筛选方案	深入经济技术论证,多方案必选,提出结论性意见	对可行性研究报告进行审核,最终决策
工作成果	提出项目建议	编制项目建议书(预可行性研究报告)	编制可行性研究报告	项目评估报告
估算精度(%)	+30~-30	+20~-20	+10~-10	+10~-10
费用占投资百分比(%)	0.2~1	0.25~1.25	0.8~3	—
需要时间(月)	1~3	4~8	8~12	—

资料来源:孙章,何宗华,徐金祥.城市轨道交通概论;陆化普,朱军,王建伟.城市轨道交通规划的研究与实践。

6.1.2 中国现有与TOD项目相关的审批制度

(1)中国土地利用的“招拍挂”制度

理解中国城市土地利用规划及开发建设的审批过程,必须了解现行的土地利用制度,即“招拍挂”制度,此项制度目的在于规范国有土地使用权的出让行为,为土地开发建立公平、公正、规范的市场机制。所谓“招拍挂”是指在进行国有土地使用权转让时,所需要经过的土地招标、土地拍卖和土地挂牌程序。2002年5月,国土资源部颁布实施《招标拍卖挂牌出让国有土地使用权规定》,指出包括商业、旅游、娱乐、商品住宅用地的经营性用地必须通过“招拍挂”方式出让。2004年,国土资源部颁布《关于继续开展经营性土地使用权招标拍卖挂牌出让情况执法监察工作的通知》,规定2004年8月31号以后所有经营性用地出让全部实行“招拍挂”制度。

土地招标,即招标出让国有土地使用权。它是指城市人民政府土地行政主管部门发布招标公告,邀请特定或者不特定的公民、法人和其他组织参加国有土地使用权投标,根据投标结果来确定土地使用者的行为。

土地拍卖,即拍卖出让国有土地使用权。它是指城市人民政府土地行政主管部门发布拍卖公告,由竞买人在指定时间、地点进行公开竞价,根据出价结果确定土地使用者的行为。

土地挂牌,即挂牌出让国有土地使用权。它是指城市人民政府土地行政主管部门发布挂牌公告,按公告规定的期限将拟出让土地的交易条件在指定的土地交易场所挂牌公布,接受竞买人的报价申请并更新挂牌价格,根据挂牌期限截止时的出价结果,确定土地使用者的行为。

(2)中国城市土地利用审批流程

按中国大部分省市现行的行政管理体系,涉及土地审批过程的相关部门主要包括:规划部门、土地管理部门和建设部门。

规划部门:建设项目经批准后,建设单位首先要到规划部门申请选址。规划部门进行建设用地审批的作用,主要是从城市总体规划方案中城市功能区划分、建设开发条件和开发时序等方面,对建设用地的地点和范围、建筑密度、容积率、主要道路出口、建筑形式、建筑高度等要素进行控制和规范。在审批建设用地时,城市规划部门负责核发建设用地规划许可证和建设工程规划许可证,用地单位持该许可证,才能到土地管理部门申请征用、划拨土地。图 6-1 所示为规划部门土地建设项目的审批流程。

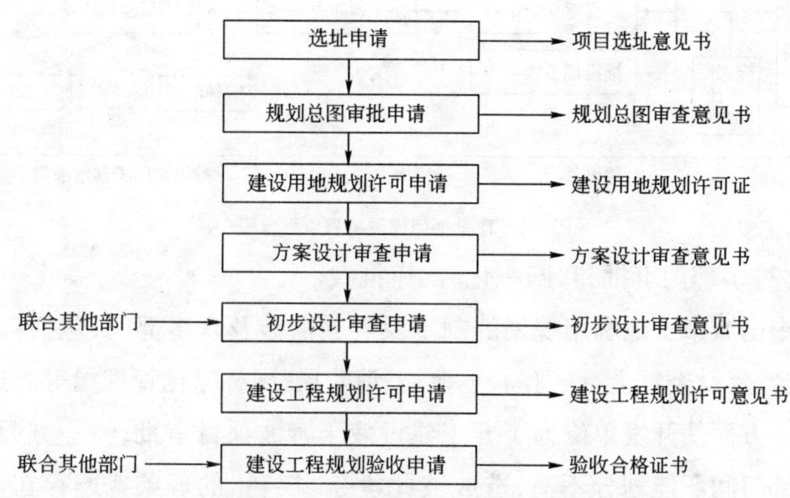

图 6-1 规划部门土地建设项目审批流程

土地管理部门:土地使用者经规划部门审批后,需持许可证向土地管理局申请取得土地。土地管理局负责执行政府征用土地的职能,并代表政府向土地使用者出让国有土地使用权和签发国有土地使用许可证。土地管理部门审批用地时,需主要参考“两书两证”,即:计划部门批准的项目设计任务书、规划部门的选址意见、规划用地许可证和建设工程规划许可证,以及本年度建设用地计划指标,并根据建设用地定额规范,审核用地数量。

建设部门:建设委员会是政府综合管理城乡建设的职能部门,建委的主要职责是,贯彻执行国家有关建设事业的方针、政策和法律法规;制定城市建设事业发展战略和中长期计划;制定或协调制定相应的政策、法规和规章;综合管理城乡建设和城建监察工作;指导城市规划编制实施和土地管理;审查重要城市规划和土地利用总体规划。建设部门主要审批流程见图6-2。

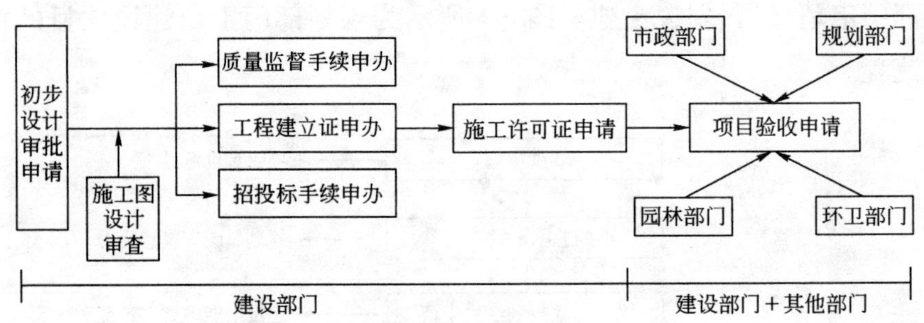

图6-2 建设部门建设项目审批流程

(3)多部门审批和"归一化"的审批权

中国城市土地利用规划的制定及实施需涉及众多部门,包括:计划委员会、建设委员会、规划局、土地局、消防局、国林绿化管理局等。这种情况一方面使开发单位为了开工建设疲于奔波项目审批;另一方面,由于各部门间职能划分不清,造成彼此争夺"权利"的现象普遍存在。而与此同时,责任和权利不清也致使腐败风气滋生。对于城市土地利用与公共交通整合发展来说,"复杂"的审批体制,无法保证具有TOD理念的规划方案能够按照既定计划实现,再加上规划监督制度不够完善,规划不能落实于实际建设的现象普遍存在。

"归一化"的审批权,即中国的城市规划审批最终决策权掌握在行政机关或其行政主管部门手里。按照《城乡规划法》的规定,中国行使城市规划审批最终决策权的主体分别为国务院,省、自治区、直辖市等各级人民政府。在中国,城市同级人民代表大会或者其常务委员会对其城市总体规划具有审查权，所以城市总体规划审批决策权受到民意代表机关一定的制约。而对于控制性详细规划和修建性详细规划，城市规划的制定机关则集编制权与审批权于一身，缺乏有效的分工与制约。由于控制性详细规划及其修编对于城市土地利用开发强度的影响最为直接，因此以公共交通为导向的土地利用开发也就越发变得由城市规划的制定机关“自导自演”了。

6.1.3　中国TOD项目的投融资现状

中国TOD项目目前的投资重点为大容量共公交通系统的建设。

轨道交通建设的投融资事宜由政府确定的轨道交通投融资专门机构负责。轨道交通建设资金通过多渠道、多方式筹集，同时也鼓励国内外企业和其他组织投资建设和经营轨道交通，并且保护投资者的合法权益。目前，中国的投融资模式主要有以下三种：

(1)政府财政投融资模式

以政府为投融资主体，利用财政资金，统一协调和组织实施城市轨道交通工程，并在此过程中由政府作为信贷担保人，进行一系列重大的融资引贷活动。该模式的优点是可以集中财力、物力和人才，加快城市轨道交通项目的建设进度，缺点是无法对建设者和经营者建立建设成本的激励与约束机制。北京地铁1号线(北京站—苹果园)、2号线和上海地铁1号线以政府计划投资为主，政府投入几乎成为所有城市轨道交通系统建设中最重要的资金来源。

(2)商业投融资模式

由一商业企业取代政府作为项目的投资主体，并采用商业原则进行经营，负责项目的融资、建设、运营、开发、投资回报与还本付息等。为使项目具有一定的赢利能力以吸引大型企业与财团的投资，政府可以采取给予项目一系列特殊优惠政策，包括交通政策和土地利用政策等，改进项目的资金运营状况，创造良好的项目融资环境，降低项目融资成本。此模式适用于人口稠密、商业发达的城市与地区。该模式以香港地铁的建设与经营最为典型，其主特点是地铁是以政府划拨沿线土地给地铁公司，由地铁公司进行房地产开发和商务经营方式获取资金，政府为支持地铁建设还购买了约85亿港元的公司股份。值得注意的是，为体现间接受益者对地铁建设成本的补偿，政府一般采取转移支付的方式，如政府给予项目公司某些土地、物业和税收方面的特许权，以保证城市轨道交通建设的间接效益部分能够充分返还给城市轨道交通建设。

(3)混合投融资模式

政府和私营公司的联合投资行为，由政府财政向城市轨道交通开发部门提供补贴、减免税收或提供低息融资。经营主体从资本所有者的角度可以分为三类：民间资本、民间资本与国家或地方公共团体的组合、国家或地方公共团体。资金筹措主要途径主要有政府补助、利用者负担、受益者负担、发行债券、贷款五大类。广州地铁1号线的修建采用了政府通过与私人或团体合作建设快速轨道交通系统及开发快轨沿线的土地来筹集建设费用。

中国的BRT投资坚持政府补贴、乘客支付、公交公司融资，同时结合BRT沿线用地开发进行融资的多元化的投融资机制体制的原则。但目前大多是政府补贴与公交公司融资，政府负责基建设施的建设，公交公司负责车辆费用与智能交通系统的建设费用。

现有BRT项目的投融资方式在各个城市有所不同。北京的BRT工程总投资6.53亿元，其中政府投资4.15亿元，主要用于道路、桥梁、人行天桥的建设，公交集团公司投资2.38亿元，主要用于营运车辆、智能交通系统建设，部分场站建设费用；深圳市的BRT工程投资15.745亿，其中仅有车辆购置费1.68亿由深圳巴士集团投资，其他的均由政府承担；杭州的BRT总投资1.5亿元，全部由政府承担，由财政从城建资金中拨付。

6.2 中国城市实施TOD的障碍分析

6.2.1 观念及政策方面的障碍

中国悠久的历史及文化传统,加之现行的政治体制,助长了政府决策过程中的长官意志。政府少数主要领导人的意见往往可以超越多数人的意见,甚至专家的意见,对重要的决策起决定性的作用。然而,领导人作为个人而言,其能力和知识必然是有限的,因此在决策过程中的失误常常难以避免。TOD这种发展模式的特点是,它将城市作为一个整体来规划,使居住、工作、商业及各种设施均衡合理地分布,并由公共交通网络相连接。TOD发展模式的建立需要多方参与,并建立在科学的基础之上,领导说了算的决策方式不利于TOD发展模式的建立。

纵观国内外成功城市的发展建设经验,其成功的基点就是首先为城市确立一个系统、科学、现实且可持续的发展方向。目前,中国有些城市的领导在城市发展方面的观念存在偏差,在城市发展和建设的决策中,他们有时忽略了城市设施的选择和建设最终是为民众谋利益,是为城市的有效、健康运作这样的基本原则,而过于将城市建设的重点放在城市的形象和面子上。一些城市领导人有时是跟着感觉走,盲目追求最新、最大、最先进,因而做出一些不科学和不合理的决定。有这样的一个例子,某城市的一条道路原本还算顺畅,但该市领导因为追求现代化,而决定在该路段架设高架路,其结果是不但没有改善道路交通,还为驾车人带来诸多不便,该高架路后来被人们讥称为"新加坡(新加上的一个坡)"。

各级政府目前在城市及城市交通发展方面的某些观念和政策,对于建立TOD这种科学、可持续的城市发展模式产生障碍,具体概括于以下几个方面。

(1)现行城市土地开发机制存在缺陷

中国的土地所有制为全民所有制和集体所有制两种形式,国家和集体是土地所有权的拥有者。而作为土地资源掌管者的政府机构具有划拨土地、掌控土地发展的权利。

改革开放以来,土地成为各个城市政府招商引资的筹码,政府以较低的价钱出让土地,从而获得巨大的外来投资,其结果是在全国范围内形成了大量的工业园、开发区。这些开发区虽然对促进当地的经济发展起了重要作用,但是由于开发区功能单一及低密度的开发模式,造成城市土地的浪费和城市功能在整体上分布得不均衡、不合理。

20 世纪 90 年代以后,随着房地产市场的繁荣,地方政府发现,通过土地出让的收益已经远远超过了"招商引资"的收益,因此,出让土地成为政府充实财政收入的主要手段。城市政府从土地获取财税利益的经济价值取相已经超过了调控土地开发、引导城市空间发展的社会管理取向。而少数掌控土地划拨权利的政府官员更使国有土地成为捞取个人利益、收取贿赂的资本,根本不在意所划拨的土地是否得到科学、合理的开发和使用。从整体上看,现阶段中国城市土地的总体情况是需求量大而相对供应不足,因此,政府在履行土地整理储备职能时,往往是被动收购多而主动收购少,基本无暇顾及对土地区位、交通等条件的分析,造成上市土地的空间分布比较零散,没有考虑轨道交通建设对土地开发的影响。

因此,现行的土地开发和管理机制不利于 TOD 发展模式的建立。

(2)对引导和控制小汽车使用缺乏重视

城市交通拥堵的最根本原因就是汽车数量过多。试图通过多建公路而缓解交通拥堵的做法在国外和国内都被证明是行不通的,因为新公路的建成将会诱导进一步的需求,使交通量进一步增加,加剧城市的交通问题。与公共交通相比,私人汽车对能源和道路使用都是非常低效

的,应该予以限制。诚然,私人汽车相对公共交通来说具有方便快捷的特点。正因为如此,如果不对私人汽车进行限制,没有大幅度地增加私人汽车的使用成本,就可能会有更多的人放弃公共交通而选择私人汽车,这是与城市可持续发展背道而驰的。

从眼前来讲,发展汽车业可以促进国家经济发展,但是长期来看,大量推广私人汽车则会对中国的未来发展造成不良影响。除了汽车本身所产生的环境问题、城市拥堵问题、能源问题、土地浪费问题外,未来城市在治理这些危害方面所消耗的经济成本也可能远远超过目前所得到的利益。比如说修建公路对良田的占用和对土地生态的破坏就是不可逆转的。具有生态价值的地表土层都是经过成百上千甚至上万年演化形成的,如果不注意保护,将会后患无穷。西方发达国家都非常重视地表土层的生态保护,比如德国就有法律上的明文规定,在工程施工之前,所有地表土必须先移至其他场所集中保护,待施工完成后再移回现场周围作为地表土层。相对西方国家,中国对生态和土地保护重视程度不够。如果在对土地进行了难以逆转的破坏之后再想使其恢复,其所需要消耗的资本将是无法估量的。此外,对于汽车所产生的环境污染的治理也需要巨大的投入。中国人口众多,可利用土地有限,如果大量发展私人汽车及扩充公路,将会为子孙后代的生计带来巨大威胁。

目前,中国对引导和限制私人小汽车发展缺乏重视,大多数城市并没有制定具有可操作性的交通需求管理政策,且对小汽车的使用进行限制的理论了解有限,对使用小汽车的社会成本和危害认识不足。现有的汽车发展政策不利于城市的健康和可持续发展,是与 TOD 理念相违背的。

(3)对发展公共交通重视不够

许多城市政府对公共交通的发展重视不够,其主要表现在:

①对公共交通的投资力度不够,相比城市道路投资,用于公共交通

的投资偏少,公共交通的发展不能满足居民日益增长的交通需求的需要。

②对公共交通运营缺乏合理有效的管理监督机制,有关部门对城市公共交通并没有真正建立一个高效、统一的管理体制,而公共交通运营普遍面临着服务水平低、服务态度差等问题,使其缺乏同小汽车竞争的实力。

③在城市交通管理与控制方面,缺乏切实可行的公交优先策略,实质上并没有给予公交电汽车优先路权,使得公交电汽车与在相同的道路系统中行驶的小汽车相比缺乏竞争力。

④公共交通缺乏"门到门"的服务,公共交通网络覆盖面不够广,且没有提供周全的换乘服务,影响到了整个公交系统的运行及竞争力。如北京地铁5号线天通苑、立水桥等车站,由于缺少便利舒适的可换乘常规公交,导致站点周围黑车横行,造成常规公交的职能缺失由非法营运车辆去填补的情况。居民们一方面对黑车造成的交通秩序混乱深恶痛绝,一方面却为了方便出行不得不搭车黑车。

⑤对BRT的认识在观念上存在偏差。许多城市热衷于发展轨道交通,认为BRT与普通公共汽车相差不大,不够气派,也不够现代化,但没有认识到并不是所有的城市都有能力发展轨道交通,也没有认识到BRT可以在一定程度上达到轨道交通的效果。

面对日益拥堵的交通,许多城市开始意识到,发展大容量公共交通,特别是轨道交通系统,是城市交通发展的根本途径,因而予以极大的热情。但是如何使大容量公共交通的设置最为合理,使其不仅能够缓解城市交通的紧张,同时也能对城市的健康发展起引导作用,目前各城市在这方面所作的努力还很不足。例如已经建成运营的北京南中轴BRT可以说是一套比较成熟、成功的BRT系统,虽然其建成发挥了良好的社会效应,缩短了城市局部区域居民的出行时间,解决了城市局部区域居民的出行问题。但是北京南中轴 BRT 系统的站点基本上都在 BRT 专用道和城市环路、城市主干道的交汇处,站点周边土地的用地性质以道路设施用地为主,其开发强度非常有限,从而导致其站点对城市发展的辐射作用也十分有限。

(4)轻视自行车及行人设施的建设

中国是一个自行车王国。长期以来,中国城市居民因以自行车作为主要交通工具而著称于世。事实证明,自行车是一种对环境友善的、便利的短距离交通工具,许多西方国家目前都在采取措施,鼓励自行车的使用。与汽车相比,自行车所占用的道路资源要少很多,且不污染环境。对于较近距离的交通需求,自行车的作用应该是不可替代的。通过使用自行车和通过自行车实现与大容量公交系统的接驳,可以有效地减少人们对小汽车的依赖。倡导使用自行车,对于城市交通、城市环境、城市居民个人的身体健康都大有裨益。

在过去一些年,由于交通管理措施的欠缺,自行车交通处于比较混乱的状态,特别是在道路交叉口,自行车与汽车抢道的情况很常见,因而进一步扰乱了原本拥堵的城市交通。因此有人将中国城市交通的混乱和拥堵归结为自行车的大量使用,认为减少自行车的使用就可以减少城市交通的混乱局面。目前,各个城市普遍忽视自行车使用设施的建设和管理,造成越来越多的自行车道被汽车所占据,自行车交通的空间变得越来越小,越来越不安全。

此外,对汽车发展的鼓励政策和对行人设施建设的相对疏忽,也造成人们的行走空间越来越小,越来越多的汽车停靠在道路两旁,使人们行走的舒适度和安全性受到威胁。

忽视自行车交通和行人交通设施的建设不符合 TOD 所倡导的对环境友善的、可持续的城市发展理念。

6.2.2 体制与机构设置方面的障碍

城市是一个复杂的巨系统,TOD 城市发展模式的出发点,是使城市这个系统中的各个要素能够均衡合理地分布,并通过公共交通系统连接使其有效运转。中国目前在政府体制和机构设置方面所存在的一些缺陷,不利于 TOD 模式城市系统的建立,其具体表现在以下一些方面。

(1)交通、规划、土地等部门条块分割,运作机制不协调

中国的政府机构从体制上来说,存在着部门间的条块分割,缺乏合理有效的运作机制,这一点在城市交通的发展和管理方面表现得非常突出。长久以来,在城市交通的规划、建设、管理领域,政府的各个机构职能不统一、不清晰。一般来说,城市的土地、交通规划由规划部门制定;土地的管理权、使用权的审批由国土资源部门负责;道路交通的建设、审批由建设部门负责,而交通部门则负责交通行业的管理。

以南京市为例,南京市的城市交通采取多部门交叉管理模式。目前涉及城市交通的部门有规划局、交通局、建设委、市政公用局、城建集团、公安交通管理局、地铁公司等 7 大部门。其各个部门的职能如下。

规划局(规划职能):城市综合交通规划、城市道路、轨道交通的总体规划、线网规划、公交规划。

交通局(管理职能):公路运输(货运、长途和郊区县客运)、公路和场站规划建设和水路运输的行业管理。

建设委(规划职能、建设职能):城市道路的规划、建设和养护资金的计划及监督使用。

市政公用局(管理职能):城市公交和客运出租汽车的行业管理,城市道路设施的养护管理。

城建集团(建设职能):城市道路和停车等基础设施及公共汽电车的投融资、建设、运营和资产管理。

公安交通管理局(管理职能):路面交通管理、车辆和驾驶员管理、交通安全宣传教育和法制管理。

地铁公司(管理职能):地铁的投融资、建设、运营管理。

其中,交通局、建设委、市政公用局、公安交通管理局为市政府组成部门,城建集团和地铁公司为受市政府委托进行有关管理的国有企业。

由此可见,整个管理体系非常繁杂。由于各个部门的出发点不同,思考问题的角度也不同,造成在涉及具体项目的决策时,相互扯皮、互相推诿的情况司空见惯。

具体来说,在城市交通领域,政府各职能部门主要在规划、建设、管理三个方面体现出不协调。

①规划领域。城市规划管理是城市规划编制、审批、实施等管理工作的统称,是政府对城市行使管理职权的具体体现。而城市交通规划作为城市规划中的专业规划之一,则需要既服从城市规划主管部门的管理,又服从交通专业主管部门的管理。以北京市为例,其城市综合交通规划由北京市规划委员会,这一包括市、区两级的纵向管理机构,及北京市交通委员会这一横向管理机构负责管理。

北京市级规划委员会所涉及的规划有关的管理职能主要为:负责城市总体规划、分区规划、控制性详细规划、区(县)域规划及重要地区城市设计的编制和修订的管理工作;负责上述规划的审查报批和已批准的各项规划的备案管理,并按有关规定审批部分详细规划;依法组织规划的实施,负责各类建设项目的规划管理工作。而区级规划委员会所涉及的规划有关的管理职能主要为:组织区域规划,乡、镇、村域规划,控制性详细规划,专项规划,城市设计等各类规划的编制和修订等工作;负责市政、交通工程的规划管理。

北京市交通委员会涉及规划有关的管理职能主要为:参与本市城市总体规划和控制性详细规划中有关交通规划的研究;负责对市管道路建

设项目规划设计方案中有关交通方面的内容进行审查;组织编制道路及其附属交通设施建设和交通运输行业的中、长期规划;研究制定城市道路的年度建设计划。

城市交通规划的制定是一个牵涉许多非常复杂和具体问题的过程,负责这一事务的交通委员会和规划委员会,其日常工作事务不可避免地产生交叉。而由于交通委员会和规划委员会尚存在行政分工不明确,及各自为政的情况,使两者在规划管理中有时出现职能的重叠,有时又出现职能的缺失,彼此产生矛盾,并对规划的合理性产生影响。这样的机构体系不利于TOD模式的建立。

②建设领域。城市交通建设与城市土地开发利用之间的协调性不够,其主要反映在:在城市开发建设的过程中城市用地规划与城市交通规划的协调不够;城市道路建设与沿线用地开发的协调不足;城市交通建设管理不能很好地体现和强化城市交通规划理念。比如如何处理主干路及快速路沿线的建筑物开口问题就是一个例子。在《城市道路设计规范》中规定,主干路上的交叉口间距应在1 000m以上,虽然没有明确规定在主干道上不能为大型房地产项目开口,但是在大型的房地产项目的规划设计方案中,一般都会尽量避免将其车流、人流的出入口直接朝向主干路,以免对城市主干路产生过大的直接交通压力。城市交通管理部门在大型房地产项目的交通影响评价中一般也都会极力反对将大型的商住区、超市等建筑的停车场出入口直接朝向主干路。但是在实际项目运作中,开发商出于对项目本身既得利益的考量,常常擅自违背原规划设计,在主干道上随意为建筑物开口,而交通管理部门往往以最终的妥协而使事情不了了之。由于缺乏长效的反馈机制和监督机制,造成规划建设与之后的交通管理、维护脱节,形成了“一流的规划建设,二流的交通管理,三流的交通现状”的情况。

③管理领域。城市交通是一个城市的血脉,对城市的管理往往离不

开对城市交通的管理,对城市交通的管理也涉及城市管理的其他方方面面。以城市停车管理为例,城市停车管理不但和交通管理有关,与城市规划和城市土地开发利用也紧密相关,随着城市中机动车数量的增加,停车位供给与需求之间的矛盾越来越突出,而停车管理中各部门之间的矛盾是产生停车位供需矛盾的一个重要因素。停车场的规划、建设和管理涉及城市规划、建设、消防、市政管理、公安、环保、物价、工商、税务等多个管理部门,这些部门相互之间是一种平行协作关系,各部门均从自身的职责出发对停车场进行管理,不能形成一个上下级多层次的垂直管理体系。在实际管理过程中,这些部门的职能经常出现重叠、交叉的情况,谁都可以管,而实际上谁都没有管。在部门和小集团利益的驱动下,一些地方的派出所、街道办事处、社区居委会也参与停车场的管理。这种多头管理的模式没有一个系统、完善的管理机制,缺乏统一的管理标准、规范的管理措施和专业的管理人员,协调性差,管理手段落后,管理效率低下。

同样的问题也出现在公共交通运输行业管理领域。随着城市的扩张,原有的市内公交线路延伸到了城市外围区域,这些区域在行政区划上不属于市区的范围,有自己的公交管理部门和营运公司,而市内公交不属于该区域公交管理部门的管辖范围,市内公交系统向外围区域客运市场的渗透,造成了城市郊区公交管理的混乱局面。

政府部门在城市交通规划及管理领域所呈现的不协调现状,对TOD模式的建立形成障碍。

(2)城市交通规划与土地利用规划不协调

TOD的根本是城市与城市公共交通的协调发展,因此,光有公共交通是远远不够的,必须将公共交通系统和公交线周边的配套城市基础设施统一协调规划建设,才有可能建设TOD模式的城市。这就要求城市规划与交通规划必须协调统一,如轨道交通规划要同轨道站点周边的土地控制性详细规划相统一;轨道线网规划要同城市总体规划相统一等。

城市规划是对一定时期内城市的经济和社会发展、土地利用、空间布局以及各项建设进行综合部署、具体安排和实施管理。城市规划按照运作次序分为规划编制与规划实施。其中规划编制按照阶段可分为总体规划与详细规划,其内容涵盖道路交通规划、用地规划、工程系统规划等专项规划。

城市交通规划在中国从法律依据上来讲,一直以来都是隶属于城市规划的一个组成部分,城市交通与城市空间布局、市政基础设施建设、土地资源利用等内容并列,同为城市总体规划下的不同章节,而这些章节各自独立,缺乏相关性和可实施的指导性内容,进而对整个城市发展所起的规划引导作用不强。

1990 年施行的《中华人民共和国城市规划法》规定:城市总体规划和详细规划属于法定规划。大、中城市根据自身的情况可以在总体规划的基础上编制分区规划,作为控制性详细规划的指导。城市的总体规划由市人民政府负责组织编制,分区规划、详细规划则由市人民政府城市规划行政主管部门负责组织编制。城市交通规划为附属于法定城市规划的专业规划,是法定规划的重要组成部分。但是,当单独编制的时候,交通规划则仍属于非法定规划范畴。

2005 年颁布的《城市规划编制办法》对城市总体规划和详细规划的编制进行了详细说明。明确指出在城市规划的编制内容中,将城市交通作为城市规划中的重要组成部分。如总体规划中应确定城市对外交通系统的布局以及车站、铁路枢纽、港口、机场等主要交通设施的规模、位置,确定城市主、次干路系统的走向、断面、主要交叉口形式,确定主要广场、停车场的位置、容量;分区和详细规划中应确定城市主、次干路的红线位置、断面、控制点坐标和高程,确定支路的走向、宽度,主要交叉口、广场、停车场位置和控制范围以及各级支路的红线位置、控制点坐标和高程等。

无论是《中华人民共和国城市规划法》还是《城市规划编制办法》，都没有将城市综合交通规划作为一项独立完整规划而对其所需的编制程序和内容要求进行比较明确地说明，交通规划只被限定为总体规划和详细规划所需要的技术内容。由于缺乏交通规划与城市规划的协调机制，以及交通规划的弱势地位，导致中国城市在轨道交通等公共交通站点周边的城市基础设施难以进行配套规划和建设，无法实现由公交引导城市发展。

实际上，综合交通规划已具有完整的技术框架和内容，但其作用只是城市规划所附属的一个重要的专业规划，这导致交通规划对城市发展的限制与引导作用都不够强。这是制度上对交通规划不够重视所决定的。

目前，由于交通问题的日益突出，许多城市开始重视城市交通规划的编制，但是基本上仍处于理念重视阶段，实际操作过程中则重视不足。现有的交通规划也存在许多问题，如过度重视对道路交通、轨道交通及快速公交等各项设施进行单独的规划，而忽略了城市交通系统作为整体的综合规划，造成城市交通微循环不畅的问题随处可见。

此外，目前已有的具有 TOD 性质的规划方案，尽管考虑到了交通与土地利用的综合规划和综合开发，但在具体的实施过程中，由于迫于地方经济发展的压力和房地产开发商的资本回收压力，从而仓促开工建设、仓促竣工回收，导致交通设施建设与周围土地开发不同步，造成不是新开发的房地产缺乏有效的公交设施，就是公共交通系统站点周边缺乏生活设施、商业服务设施及换乘枢纽等相关配套设施，使 TOD 规划方案失去了应有的作用，没能成功引导城市的发展。

城市规划与城市交通规划的不协调也体现在城市道路建设方面，许多城市的主干路和城市商业街功能混合，一些主干路、支路由于沿线商业、零售业的发展，吸引、聚集了高强度的人流、车流。由于在房地产开发之初缺少合理停车设施规划和慢行交通规划，造成了一系列的交通问题。如道路沿线的商业设施吸引的社会车辆随意违章停放在人行道和慢车道上，占用了公共的道路空间；行人过街设施缺乏，行人随意穿越马路现象严重，造成了极大的交通事故隐患；一些大型的商品批发市场、商贸城等进货、卸货的车辆缺乏合理的交通组织，常常引发拥堵，使周边道路不堪重负。

目前所存在的城市与城市交通规划不能协调统一的局面，将使TOD的理念难以有效实施。

(3)土地开发与城市交通的融资机制、融资渠道不一致

同香港成熟的“地铁+物业”模式相比，内地中心城市轨道建设的投资主体仍然是地方政府，缺乏多途径的融资渠道。TOD发展模式的一大优点是“溢价回收”，即轨道交通的建设促进周边地产升值，而由于升值所带来的收益可进一步用于新的轨道交通及其他城市设施的建设。目前，中国在土地开发与城市交通建设之间缺乏协作机制。一般的情况是，政府出钱建设轨道交通，地产商负责周边地产开发，而轨道交通所带来的地产升值收益则完全由地产商获取，无法投入于进一步的轨道交通和其他公共设施的建设。造成这种情况的原因，一方面是因为地方政府在基础设施建设的投融资方面缺乏经验，另一方面也是由于政府与城市土地开发商所代表的利益不一致。

2007年10月1日颁布的《物权法》中规定：城市的土地属于国家所有。目前中国在土地的开发建设方面，实质上是地方政府垄断了土地一级市场。土地开发由政府牵线搭桥，房地产开发商来进行投资，政府则通过土地出让金等形式获取利益，这种利益是地方经济发展的动力，甚至是地方政府财政的主要来源。地方政府以发展经济为第一要务，而地方政府手上拥有的主要资源就是土地。政府通过出让土地的使用权给房地产开发商，以获取地方经济发展所需要的资金，这是现行土地制度

的主要支柱。

土地开发商在向政府支付了获得土地使用权的成本后,是希望通过对土地的高强度、短周期的开发迅速回收成本并最大限度地赚取利益。而政府投资的城市交通建设是面向全社会的城市基础设施建设,政府希望其投资的结果使整个城市的基础设施服务质量得到提高。因此,投资交通设施建设的地方政府和进行周边地产开发的开发商之间的矛盾在一定范围内是客观存在的。

反观香港的"地铁 + 物业"联合开发模式,其实现的首要基础是政府给予地铁公司土地开发的优先权,香港特区政府将地铁沿线的土地,以没有轨道线路时的土地价格,转让给地铁公司,并持有地铁公司的大量股份。而地铁公司则根据其自身需要,进行铁路及其沿线房地产的统一规划、管理,以获取最大收益。在这个过程中,轨道交通的开发不仅给地铁公司,而且也给香港政府带来巨大收益,同时,它也为香港居民带来了方便的公共交通和便于使用公共交通的周边设施,可以说形成了"三赢"的局面。可以说,在这个过程中政府和开发商的利益是基本一致的。香港的经验值得中国的地方政府认真学习。

(4)土地利用政策与联合开发的矛盾

要实施 TOD 实现节约集约用地。中国可以借鉴香港做法走"地铁上盖物业"开发经营即联合开发之路。但是由于土地管理政策的差异,大陆土地不可能像香港那样直接无偿供应给地铁公司,再由地铁公司寻找开发商联合开发。大陆实行的是土地用途管制制度,地铁线用地作为公共设施用地可以无偿供地,但地上物业经营用地、中间转换层用地等,不属于国家《划拨供地目录》的范围,必须有偿使用。还有就是由于上盖物业属于立体的、多层次的,而一般意义上的建设用地使用权是平面的。应当如何设定使用权？这既是一个制度难题也是一个法律难题:现行制度有没有在已有土地用途之上再设用途的规定？法律上有没有在已有权属之上再设权属的表述？

虽然新的《物权法》打破了传统的思维观念，认为某区域如果是地铁建设用地，使用权就应当归地铁建设、运营机构即地铁公司，但在这个概念上这片土地只能是地铁运营，再也不能有别的用途。新的物权法规定建设用地使用权可以在土地的地表、地上或者地下分别设立？《物权法》的上述规定将使用土地的权利从传统的地表扩大到了土地的上、下空间，地上和地下都可以像传统的地表一样设立土地使用权，而且可以分别设立。因此基于一幅土地可以存在多个不同的建设用地使用权人，如在地表上设立建设用地使用权，用以建设商品房。在地下另行设立建设用地使用权，用以建设轨道交通。这也就是解决了已有土地用途之上再设别的用途的制度难题。然而土地的“招拍挂”利用的政策却成为在中国实施 TOD 中这一做法的拦路虎。

按照国家政策，土地出让的收益只能用于土地开发，而且根据国家的土地政策，所有建设用地的出让都必须经过“招、拍、挂”等公开出让程序。虽然某些地铁公司有成熟的经验和雄厚的资金，它们的出价很可能高于其他竞价公司，沿线地产当然也就归他开发，但是在目前政策下作为一个轨道交通公司必须通过挂牌拍卖方式取得沿线土地的开发权。至于地铁车站的上盖物业，由于轨道交通属于城市基础设施，其用地性质为市政用地，供地方式为政府划拨沿线开发用地属于经营性用地，供地方式为通过市场“招、拍、挂”。实施轨道交通和房地产开发相结合具体表现为轨道交通建设用地与经营性用地的结合。但是，根据规划和土地方面的既有管理规定，在审批环节上尚无法解决市政设施和经营性用地合一的问题，无论规划审批还是土地审批都存在困难，客观上导致轨道交通和房地产开发相结合的工作无法规范化操作。深圳轨道交通4 号线的上盖物业正是因为这些制度上的障碍导致了酝酿很久的“港铁模式”轨道交通综合开发没有最终得以实施。

6.2.3　城市及交通规划方面的障碍

由于缺乏与时俱进的城市规划理念及技术的指导，以及城市规划在实际操作中的控制不得力，目前中国城市普遍存在城市土地功能布局不合理的状况。其表现，一方面是城市大多呈单中心式，随着城市的发展，城市地域以同心圆式不断向外扩展，形成“摊大饼”式无序扩张。此外，尽管城市地域大幅度扩张，但城市功能没有随之扩展，仍然集中在原有的市中心，因而造成城市中心负荷过重，交通也越来越拥堵；另一方面，城市新开发的区域并没有考虑居住与工作岗位的相平衡，因而大多功能单一，如大片的住宅区、开发区、工业园等。人们居住与工作的地点往往相距甚远，而且由于居住区的商业服务功能欠缺，因而引发大规模的交通出行需求。

由此可见，城市土地功能布局不合理，一方面为人们的日常生活和出行带来不便，另一方面也为城市交通带来巨大压力。尽管现在许多城市都在大张旗鼓地开始建设轨道交通，但是如果不能保证城市土地功能的合理布局，即使是发展了公共交通，建设了轨道交通线，城市发展和城市交通仍然可能是问题重重，北京地铁13号线就是一个例子。北京地铁13号线的建设虽然有其积极的作用，它为那些居住在郊区的人去市区上班提供了交通选择，但是由于沿线建设的居住区功能过于单一，造成地铁线高峰时段双向使用极不平衡，使轨道交通不能得到有效合理的使用。而单一功能的社区又造成在那里居住的人生活不便，那里的儿童没有好的学校进读、老人没有好的医院就医，这种城市社区是病态的，它虽然是在公交线附近，却完全不是TOD所倡导的发展模式。

此外，交通规划理念落后，规划不合理等，也为在中国推行TOD发展模式产生障碍。在中国城市交通规划中，对公共交通线网规划、线路布设缺乏整体规划战略，使公共交通站点设置、公交线路覆盖率、公共交通换乘枢纽设施不能满足乘客的要求。特别是换乘枢纽缺乏统一规划,未能从城市长远发展考虑,布局杂乱,致使常规公交与轨道交通之间、线路与线路之间、自行车与公共交通之间的连接互不协调,换乘距离远,使公共交通无法提供快速、方便以及门到门的高质量服务,因而使公共交通与私人汽车相比缺乏竞争力,阻碍了公共交通的发展。

6.2.4 资金与技术方面的障碍

TOD 的要点是城市沿着大容量公共交通线路发展,因此,具备大容量公共交通线路,特别是轨道交通线路,是 TOD 模式发展的前提。但是,轨道交通建设的高造价的问题,以及在发展轨道交通及 BRT 方面所面临的技术障碍,阻碍了中国城市大容量公共交通系统的顺利发展。

(1)轨道交通建设的资金障碍

建设轨道交通需要巨额资金,且建设周期较长,同时其盈利模式与盈利预期具有不确定性,这些特点使得近年来国家对各大城市轨道交通项目的申报批准程序越来越严格。国务院 2003 年出台了 81 号文件,明确了城市建设轨道交通的标准,从城市实力、资本金比例、工程造价、安全管理、设备国产化率五方面对轨道交通项目的审批制定了限制。现阶段,申报发展地铁的城市应达到下述基本条件:地方财政一般预算收入在 100 亿元以上,国内生产总值达到 1 000 亿元以上,城区人口在 300 万人以上,规划线路的客流规模达到单向高峰小时 3 万人以上;申报建设轻轨的城市应达到下述基本条件:地方财政一般预算收入在 60 亿元以上,国内生产总值达到 600 亿元以上,城区人口在 150 万人以上,规划线路客流规模达到单向高峰小时 1 万人以上。

资金问题一直是地方政府在考虑修建地铁时所面临的主要问题。据国家建设部提供的资料显示,轨道交通的综合造价大约在每公里 5.5 亿元人民币,而一条长 15km 的线路是比较恰当的经济规模,其造价约

为100亿元人民币。根据浙江省统计局提供的资料，杭州市2002年的财政总收入约为257亿元，相对于地铁建设期152亿元的投资额以及营运期不可避免的财政补贴，其压力显而易见。

国家计委资料显示，“十五”期间，中国城市交通投资将达8 000亿元人民币，其中至少有2 000亿元用于地铁建设，然而，2 000亿元所带来的后续投资会是多少，还是个未知数。可以看见的事实是，北京在展开它的“轨道”扩张之后，已经形成了超过600亿元的资金缺口。轨道交通建设的高成本，以及其运营期间所需要的高财政补贴，是中国各城市在建设和发展轨道交通方面的主要屏障。

(2)轨道交通建设的高造价及所面临的技术障碍

据国际标准，地下铁路的造价大约为每公里8 000～9 000万美元，而轻轨铁路造价为2 000万美元。值得一提的是，虽然轨道交通建设的费用在全世界范围内都很高昂，但在中国则面临相对造价较国际水准更为高昂的境况。按理说，中国的劳动力及建设材料价格都比较便宜，造价应当相对较为低廉，但事实却正好相反。如中国广州、上海、北京20世纪90年代建成的三条地铁线，平均综合造价，每公里6～8亿人民币(约1亿美元)；而20世纪80年代中建成的汉城轨道交通3号线，平均每公里造价0.35亿美元；20世纪90年代初建成的新加坡MRT轨道交通线，平均每公里造价0.4亿美元。

追究原因，一方面是由于中国一些城市的轨道交通建设以向国外贷款为筹集资金方式，限于贷款条件规定，必须将相当一部分贷款用于购置贷款国的设备产品，造成低息贷款，高价购买设备的状况，增加了工程造价；再一方面，是缘于多年来的“思维定势”，即偏好进口设备而拒用国产设备。中国轨道交通建设的主要设备，尤其是车辆、牵引制动系统等均依赖进口，有些设备和部件国内有技术、有条件生产，但往往使用者更愿采用进口件，而不愿采用国产品。在轨道交通运营线的招投标中，招标方为了“安全”，往往不惜花高成本。因为，如果采用国产设备，在出现故障或事故时，采购决策者需承担责任；而如果采用进口设备，即使出了问题，也是外国人的事，决策者“挑了最先进的外国产品”，似乎就没有了任何责任。这使得运营商竞相选用进口设备，致使建造成本居高不下；还有一个方面，就是轨道线路规划缺乏经济效益方面的考量。一般来讲，地下铁道的建造成本要比高架轨道高3～4倍，按照国际惯例，理想又经济的做法是，市区采用地下轨道，到郊县则铺设地面线或高架道。但目前中国各大城市在建造轨道交通时，都热衷于建在地下，甚至将一些城市间途经区域大多为农田的线路也规划建在地下。这样做的结果，自然是大大增加了轨道交通建设的成本。

因此，为了降低轨道交通建设的成本，一方面要做好轨道交通线路的规划，另一方面，就是要提高轨道交通设备的国产化率。然而，目前中国在采用国产设备方面，还存在许多技术障碍。

首先，轨道交通装备方面的核心技术受制于人。虽然近年来通过引进国外技术和与外企合资合作，中国部分车辆企业已能组装生产载客量较大的A型车及较小的C型车，但总体设计与系统集成技术，以及牵引控制、转向架等关键部件技术，以及投标、报价等主要商业活动，都掌握在海外技术提供商手中，中国在自主设计和车辆设备制造、维修和养护方面都受到相当程度的制约。地铁列车的设计权不在中方手中，设备的采购和质量控制都由技术供应商掌控。此外，中方在设备的运营使用和维护保养中也没有自主权，一旦列车出现故障，均须由外方负责维修。虽然中方已经具备生产某些产品的技术能力，成本也低得多，但因不掌握设计权，其产品不能与其他设备相匹配，也此不能采用，而只能依靠高价的进口件。

再有，目前中国在轨道交通设备自主研发方面动力不足。虽然中国政府出台了一系列政策和措施来鼓励采用国产化轨道交通设备，但在实际操作中，却普遍存在向“引进”一边倒、靠合资解决国产化问题等情况，造成自主研发动力不足。比如，为了避免鱼龙混杂，原有的轨道交通招投标政策要求企业“必须合资合作才有投标资格”，使得竞标者均为中外联合体，造成关键技术必须依靠外方的局面。这种做法无疑不利于中国企业的自主研发。

此外，由于中国缺少推动国产技术直接用于产业的有效政策，从而进一步限制了自有技术的研发。目前，国内企业在自主研发时，常常因不知成果能否被最终录用而陷入迷茫。例如，新近下线的中国首列自主知识产权的A型地铁列车，虽已进入最后的行车试验阶段，但政府部门和营运公司对是否采用该国产车的态度还不明朗。许多技术人员担心一旦未来选不上，则一项全流程的研发技术将束之高阁，耗资数亿元的研发费用将成为企业的巨额负担，而且，这支通过项目集聚培养起来的专业人才队伍也将很难稳定。

(3)采用BRT所面临的技术障碍

由于BRT在路面上运行，对交通安全有着较高要求，因此交通安全成为BRT在中国城市发展所面临的主要问题之一。北京的BRT在运行过程中频频急刹车，原因主要是其他道路使用者不遵守交通规则，有些行人不走地下通道违章横穿马路，更有一些自行车、三轮车随意驶入快速公交道，这些都大大减缓了快速公共汽车的运行速度。而杭州BRT1号线最初在采用矮路墩分道器隔离BRT车道时，4.8km的分道器仅在2006年5月份便造成了4起事故，导致1人死亡、7人不同程度受伤。许多驾驶员都反映，分道器在晚上的时候看上去和黄线相似，很容易撞上。

虽然与轨道交通相比，BRT系统价格较低，技术难度也不高，但是BRT快速和大容量的特点是否可以得到充分发挥与其基础设施服务水平密不可分。其所面临的两个最主要技术问题是:①如何在不对常规交通造成较大影响的前提下,保证公交专用道路的有效使用;②如何在道路交叉口采用有效的信号优先技术,减少快速公交的等待时间。这两点是保证 BRT 快速运行的基本条件。目前,在中国百万人口以上的城市都设置了公交优先道,但实施效果不佳,原因在于私人交通会挤占公交优先道,影响公交的运行。此外,如果在十字路口处没有采用有效信号优先技术,在路口处的耽搁,将使快速公共交通 BRT 无法充分体现其快速的特点。

然而,技术问题其实归根到底还是人的观念问题,一方面城市居民要养成文明交通和遵守交通规则的好习惯,这是避免城市交通混乱的最基本前提;另一方面,道路交通规划者要转变城市道路主要为小汽车服务的观念。为了切实发挥 BRT 系统的效应,有必要对道路的使用进行限制,以保证快速公交的顺畅通行,但这可能不可避免地会影响一部分小汽车驾驶者的利益,因此它目前还是中国许多城市所面临的一个饱受争议的问题。

6.3 实施 TOD 的对策和建议

6.3.1 从观念和体制方面促进 TOD 的实施

TOD 所针对的是过于依赖小汽车的城市发展模式,这种模式使城市产生交通拥堵、环境污染,以及城市无序蔓延等弊端。近些年来,随着中国经济的快速发展,私人汽车的数量大幅增加,中国城市也开始被日益严重的交通问题所困扰。尽管各个城市都大大加强了城市道路等交通基础设施的建设,但由于交通需求的迅猛增加,城市交通的情况非但没有随着基础设施的建设而好转,反而每况愈下。事实说明,单就交通论交通,试图通过多修建公路等交通基础设施建设来缓解城市交通紧张

的做法,将不可能解决中国城市目前所面临的交通问题。因此,中国各城市的地方政府有必要转变观念,调整现有体制,从城市整体发展的角度来考虑城市交通问题。制定合理的、和谐统一的城市及交通规划是保证城市交通体系,以及城市自身健康运转的前提,也是实施TOD理念的要点所在。

(1)注重城市及城市交通的协调发展

交通模式决定城市的整体形态,城市与城市交通是一个不可分割的统一体。总结国外成功城市的建设经验,我们会发现,这些城市都非常注重城市交通与城市的协调发展。在规划阶段,合理的城市交通系统及模式就已经非常明确,而城市最终的发展以交通的走向为引导。因此,一个具有前瞻性的城市交通规划对于城市的健康发展至关重要。缺乏长远和发展的眼光、摸着石头过河的做法只能使城市处于一种无序发展的混乱状态。

具体来讲,城市发展的决策者和城市规划的制订者在进行城市规划和设计时,应该首先明确其城市所要采用的主要交通形式,如私人汽车、公路以及公共交通在城市交通所占的比重,就中国目前的情况看,应当给予公共交通绝对的发展优先权。在此基础上,根据城市的具体情况,如城市人口数量、政府财政状况、城市地理状况等,确立哪种形式的公共交通对该城市最为适宜。在确定了交通模式和走向之后,再按照TOD理念的设想,使城市沿着主要交通线进行高密度、多功能开发。正如前面曾经提到的,合理的城市土地功能布局可以大大地减少人们的交通需求,从而缓解城市交通的压力,并使交通设施得到合理有效的使用。

城市交通设施的选择和建设最终是为民众谋利益,是为城市的有效、健康运作,而绝不是为了摆面子。TOD讲求高质量的城市设计,所谓高质量不是指豪华,它绝不是一些先进设施和豪华建筑物的堆积,它是指精细,是指有个性、有特点、有品味,是指以人为本,高质量的城市规划和设计为人们带来方便的生活，它既能体现城市的历史和文化，又能科学、合理地预测和设定城市未来的发展和走向，它使城市的发展健康、有序，且具有可持续性。

（2）提升城市交通规划在城市规划全过程中的地位

TOD 发展模式的实施，需要通过合理的规划，将城市规划与交通规划有机联动，并将 TOD 理念融入到具体的项目建设中。

首先，要在城市规划，特别是在大城市和特大城市的总体规划的制定中，全面提升交通规划的地位与作用，并突出交通规划在引导和制约城市空间布局中的作用。TOD 的核心是通过大容量公共交通实现对城市发展的引导，因此，合理的交通规划及其与之相对应和统一的城市土地开发规划是实施 TOD 模式的基础。此外，在城市规划管理与实施层面也要提升城市交通规划的地位和作用，使其在城市道路建设和城市开发活动中具有“一票否决”的作用。现行的城市详细规划，以地块性质、容积率、绿地率、建筑形式、外观色彩等方面作为规划设计条件和规划审批考虑的主要因素，而交通容量尚未成为城市规划决策的主要依据，更没有成为否决规划设计的条件。TOD 是以公共交通的发展引导城市发展，交通规划所起的作用至关重要。

中央政府应制定相关的法规和文件，针对中国资源短缺条件下的城市高密度集约型发展的特点，在城市总体规划和详细规划阶段提出相应的交通影响评价内容，并改善大型建设项目交通影响评价制度，将土地强度控制在交通环境容量许可的范围之内，以交通容量控制中心区的人口规模，从而避免城市的过度交通拥堵和交通瘫痪。要在实现交通规划控制作用的同时，发挥交通规划的引导作用，实现交通规划从被动适应城市发展到主动引导城市发展的转变。

（3）建立有效的交通、规划和土地等部门协调机制

经济的快速发展促使中国城市建设突飞猛进、日新月异。而由于政

府各个职能部门之间的不协调，城市中乱挖乱建、重复建设、盲目建设的现象非常普遍，这不仅浪费了宝贵的城市资源，也给居民的日常生活带来不便。具体的例子包括，城市边缘新开发的住宅小区不通公交车；新修的城市道路刚通车不久就因为又要铺设地下管道而重新挖开；一些具有悠久历史的人文古迹由于阻挡了城市现代化发展的步伐被无情的拆除等。形成这些现象的原因是，城市一味地追求经济的快速发展，政府各部门缺乏相互协作与互动，并忽视了城市发展与城市环境之间的协调。TOD 发展模式是具有很强综合性的发展模式，TOD 项目的开发往往需要政府的许多部门，如负责城市规划、交通管理、轨道交通建设、商业服务设施建设等各部门，以及相关私人机构的协同合作、联合开发才能实现，它是一项需要调动起城市各个职能部门的系统工程，任何一个环节的不配套都有可能影响到 TOD 实施的最终效果。

政府各部门之间的协调机制应该建立在整个区域的综合及健康发展的基点之上，从而实现房地产开发、交通建设及其他城市设施建设间的相互协调，并达到交通与周围土地同步开发，或交通引导土地开发等 TOD 所提倡的理想效果。此外，城市中土地和交通的协调开发也应建立长效的跟踪机制，一个项目的论证、规划、审批、建设、验收等每个阶段，都应该是各个部门各司其责、权责明确、相互配合、协调的结果。在轨道交通建设以及新区的开发建设中，要建立统一的工程建设指挥管理机构，防止重复建设和相关配套设施不健全的情况发生。在项目建成后，要建立长效跟踪验收机制，确保项目按质按量地达到预期效果。

而从长远来看，城市规划、交通、土地开发机制的不协调应通过制度改革实现彻底的改变。应建立综合交通管理机构，从整体规划的宏观层面，到具体交通组织的微观层面对城市交通实施统一规划管理。如香港运输署，既负责为香港特区政府提供交通方面的战略决策，也负责全港 1 000 多个交叉口的信号控制；又如纽约市交通局，负责统一管理道路及桥梁的日常维护、停车设施的规划、交通信号灯的设置等，提高了整个交通系统的工作效率。此外，也应从制度上打破现有土地审批制度，保障交通与土地的联合开发机制。现有的土地审批制度规定土地必须通过“招牌挂”制度公开拍卖，使地铁公司失去对地铁沿线土地的优先控制权，因而使其无法获取因轨道交通建设带动周围土地升值所带来的利益，不利于轨道交通的长期、可持续开发。应考虑效仿香港地铁“地铁+物业”的管理模式，政府将土地优先低价出让给地铁公司，并由地铁公司主导周围土地的开发。

(4)通过完善法律法规来促进 TOD 的实施

TOD 的要点在于城市土地利用与城市交通的发展相协调和统一，通常的做法是进行大容量公交设施及其沿线土地的联合开发，而这种联合开发的实施需要有效的法律机制作保障。到目前为止，中国还没有用以指导“轨道、土地”联合开发模式的法律法规。现有的做法是，由交通机构和地方操作者联合，对轨道交通及其站点周边地区的土地进行联合开发，但由于没有清晰的立法，从审批立项到项目实施，都缺乏政策依据，从而造成责任不清，权利不明，这在一定程度上限制了公共交通引导城市发展这一理念的有效实施。因此，现在有必要建立有效的法律法规，对参与开发 TOD 相关项目的交通机构、地方政府或区域规划机构，进行责任及权利的划分，从而使联合开发进行的更为有效和顺畅。具体来说，应考虑采取以下措施：

①成立负责联合开发的专门机构。建议将原有轨道交通公司下属开发部门改制，使其成为联合开发的执行单位。该单位负责联系其他相关机构和部门，并领导轨道交通及沿线土地的联合开发，它同时也负责沿线资源的承包与经营。

②确定联合开发的具体实施方法。该办法应主要规定以下几个方面的内容：第一，编制轨道沿线土地利用专门规划，对轨道沿线、特别是

站点周围的土地进行详细的规划，使其具有TOD高密度、多功能、方便公交使用的特点；第二，制定相应审批管理制度，以确保上述规划的有效实施；第三，明确规定用于轨道交通建设及其周围相应建筑及设施建设的土地使用权由轨道交通公司所掌控，轨道沿线可用于联合开发的土地，不列入市土地储备中心的土地储备范围之内；第四，明确规定联合开发的各参与实体，如政府、规划部门、交通部门、轨道开发部门和房地产开发商的职责和权利。

6.3.2 从管理机制方面促进TOD的实施

TOD以大容量公共交通引导城市在公交线周围进行高密度、多功能的开发，它通过提供方便的、功能齐全的生活环境和方便快捷的公共交通，减少人们的交通需求，并促使人们放弃小汽车，从而减缓城市交通所面临的压力。有效的管理措施将有助于TOD模式的实现。

(1)建立严格的土地控制与储备机制

城市土地一旦完成开发，其对城市所带来的影响往往是难以消除的。因此，如果对于轨道交通沿线的建设用地没有实施严格的控制，让这些建设用地被开发商“抢去”，随意开发，那么所造成的影响将不可逆转，它将使TOD所倡导的土地开发模式难以实现。对轨道交通及其周围沿线土地的开发进行控制，并建立沿线土地储备机制，是保证轨道交通顺利建设、使沿线土地增值收益回馈公众，以及实现TOD开发模式的基础。

首先，应通过容积率、建筑密度等指标对轨道沿线土地开发总量进行控制，使轨道交通的开发利用满足城市规划的要求。其次，对轨道周边的用地性质进行详细规划控制。建议以轨道交通站点周边500~800m半径的用地作为研究范围，根据道路的走向和街区的大小做适当微调从而划定合适的规划范围，对规划范围内的所有土地进行整合，并严格控制土地的功能，促进轨道交通影响范围内土地的最优化合理利用。

城市规划应为轨道沿线留出足够的用于公共设施建设的用地空间，以用于建设慢行交通系统、公交换乘设施等。此外，应满足TOD模式所倡导的混合开发、高质量设计等要求，在轨道交通站点周围建设功能齐全、环境优良的社区，并营造良好的步行环境氛围，吸引城市居民搭乘公共交通。

(2)建立与交通条件相适应的土地使用密度分区管理机制

轨道站点附近区域具有城市其他区域无可比拟的、方便的公交条件，为使尽量多的人能够享受到这一好处，同时也为保证轨道交通得到最有效的利用，应对轨道沿线附近的土地使用实施差别化的密度分区，提高轨道沿线附近土地的容积率限定，使得最靠近轨道交通站点的土地具有最高的容积率，而随着土地离开站点的距离增加，其容积率随之逐渐降低，这是国际上以公交为导向而发展城市的普遍做法。比如香港将轨道交通沿线地区化为特殊区域，规定特别的发展密度，并将密度指标纳入批地契约或分区大纲图；而《台北市土地使用分区管制规划》规定：车站半径500m范围内地区，容积率酌予提高，但不超过原基准容积30%。中国已经有学者对于轨道沿线土地控制密度进行研究，但具体的控制内容，如商业、办公、居住功能等不同类型的土地利用应按照怎样的比例划分，以及具体的密度达到多高最为合理，目前仍然是需要研究的问题。

虽然世界上的各个城市对轨道附近土地的控制标准不同，但对轨道附近土地提高容积率标准则是共识。公交站点周边的土地需要经过特别的规划，中国已建设或规划建设轨道交通的城市，应根据自身城市的情况，如人口密度、交通承载力等，在进行专项研究的基础上制定轨道交通周边的土地使用密度管理机制。

(3)加强交通需求管理,引导和控制小汽车的使用

中国城市目前普遍面临交通拥堵的问题,其根源就是汽车的数量增加过快。近20年,各地都大大加强了道路等交通基础设施的建设,但城市交通的状况非但没有缓解,反倒每况愈下,因为汽车增加的速度远远超过道路修建的速度。目前,中国各级政府已经开始意识到,发展公共交通才是缓解城市交通拥堵的主要途径。然而,如果不从城市整体和环境的方面考虑,单就使用者来说,私人汽车比公共交通具有绝对的优越性,如果没有对私人汽车进行限制就可能会有更多的人放弃公共交通而选择私人汽车,城市交通拥堵的问题就无法缓解。因此,对私人汽车使用的限制是必要的。一方面要从政策上采取措施,鼓励人们使用公共交通,放弃小汽车,如对小汽车出行在时间上进行限制;另一方面是通过经济手段来引导人们的选择,如给予乘坐公交的人交通补贴,而驾驶私人汽车的得不到补贴。此外,其他的措施还包括:消除小汽车使用的油价补贴、限制公费用车、提高小汽车购买税、增加道路使用税、大幅度提高停车费用等。较高的使用成本将降低小汽车的竞争力,而一些限行措施也使其使用方便的特点不能充分发挥,这样就会促使更多人放弃小汽车,转而使用公共交通。

此外,也应该鼓励人们通过步行和自行车出行,应当采取措施,保障人行道和自行车道的安全和顺畅,并注重自行车停车设施的设置,避免丢车的情况不断出现。在主要公交站周围要设立安全、方便的自行车停车设施,以方便人们通过自行车转换公共交通。

这些措施都会促使人们选择公交出行,从而促进TOD模式的推行。

6.3.3 以合理的投融资机制保障TOD的实施

TOD模式的开发需要充足的资金作基础,以进行大容量公交系统及其周边设施的建设,因此,合理有效的投融资机制对于TOD的实施至

关重要。就中国目前的情况来说，资金来源主要是通过政府投资和吸收社会资金两个方面。

首先应该确立政府在投融资方面的主导作用，公共交通的服务对象是广大民众，公共交通建设具有公益性质，因此其投资的主体应当是政府。

公共交通特别是大容量公共交通的盈利问题是一个世界性的难题。大容量的公共交通设施的建设，具有投资风险高、投资期长，且所需资金数额特别巨大等特点，这就决定了轨道交通等建设项目必须要有政府在政策和资金方面强有力的支持。目前，中国轨道建设项目的最终收入主要来源于车票收入，只有通过政府的监管，票价的制订才有可能不以牟利为目的，而在广大民众所能承受的范围。

然而目前的实际情况是，中国的各级政府对公共交通的投资普遍偏低。据联合国有关组织研究资料表明，城市公共交通（含轨道交通）投资占城市 GDP 以不超过 0.9% 为宜，而目前中国城市公交投资占 GDP 的比例平均仅有 0.28%。政府在公交方面的投资力度还需加大。

尽管政府是公共交通等城市基础设施建设投资的主体，但是单靠政府的力量很难满足城市快速发展的需求，因此还应当充分吸收社会资金，鼓励社会资金投入到公共交通的经营和服务中来，提高公共交通投资的总体比重。应借鉴香港地铁的“地铁 + 物业”的开发经验，通过建设轨道交通，及将轨道交通系统与周边土地统一规划、统一开发管理，促使轨道周边土地价值的提升，再将土地升值所得的收益用于进一步的设施建设。香港地铁无需政府投入资金、补贴运营或担保贷款，而由地铁公司自负盈亏，承担建设及运营成本，地铁公司统筹所有轨道及房地产规划、建设、管理及协调，土地产权统一，直到物业落成。虽然中国大多数城市同香港相比，在发展水平、社会制度上有一定差距，但香港地铁的“地铁 + 物业”开发模式是值得借鉴的。

具体来说香港的经验包括以下几个方面：

(1)通过给予地铁公司购买土地的特权,使地铁公司以没有轨道时的地价买入轨道站点周边的土地,从而使地铁公司获得吸引投资的最大资本。

(2)地铁公司通过上市,吸引大量社会资金,而香港政府则是地铁公司的最大股东。股票上市所筹得的资金被用于轨道交通建设,并通过分红的形式使政府及社会投资获取收益。

(3)地铁公司将地铁沿线土地经过统一规划后,以土地为资本,寻找有实力的开发商进行联合开发,并通过拥有的土地价值,分享开发商开发房地产的收益。

除香港的融资模式以外,轨道交通商业化投融资的途径还有:贷款融资、证券融资、租赁融资、合作开发、土地开发、利益返回、民间资金启动方式等(图6-3)。各个城市应针对自己的具体情况,采取符合当地实际情况的融资模式,避免超过政府承受限度的盲目投资轨道交通的行为。

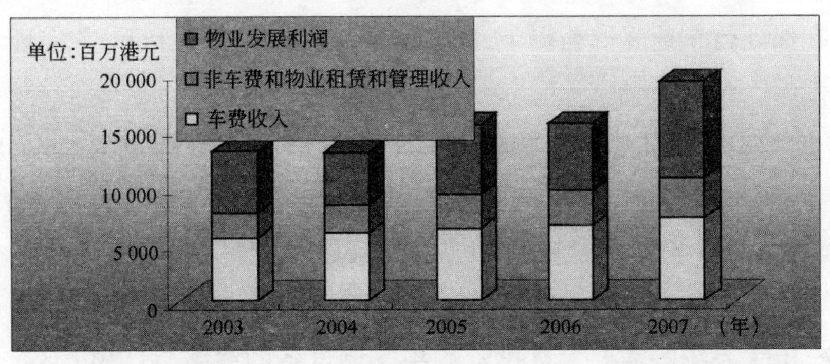

图6-3 香港地铁的盈利组成与变化(数据来源:港铁年度业绩报告2004~2007年)

6.3.4 建设和发展以大容量公共交通为骨架的公交系统

TOD发展模式以大容量公共交通为基础,因此为了在城市发展中推广TOD模式,应当首先建立有效的公交系统和网络,特别是大容量公交系统和网络。

（1）改革现有公交系统，实现公交网络化、智能化

虽然目前中国政府大力提倡“公交优先”政策，但是其在各地的落实并不到位，公共交通对居民出行的吸引力仍不够明显，其主要原因在于公共交通没有形成网络，公交不便利的情况还很普遍。在与小汽车交通的竞争中，公共交通由于缺少“门到门”的服务，而处于下风。公共交通吸引力的关键是公共交通网络的覆盖面要广，网络中节点的连通性要好，便于人们通过方便的换乘，去到任何想要去的地方。只有通过一个顺达、快捷、方便换乘的公共交通网络，才能发挥公共交通的导向作用。

具体来说，在中国人口密集的大城市，应发展大容量的公共交通，并使之与常规公共汽电车线路相衔接，形成公交网络。也要建立公交的联运、联乘机制，采取多乘优惠、公交联票、智能管理等措施，使公交出行安全、方便和快捷。如南京市由于实行 IC 月票卡连乘制度，61 万市民持卡乘车，公交出行率由 1997 年的 8.2%，提高到 2002 年底的 24.4%。此外，在保证行车速度的前提下，应创造条件使乘客方便上下，并实现最短换乘。

有效的管理体制是公共交通系统得以顺畅运行的保障。所以，应建立起国营公共交通企业的现代化管理制度，并通过制定相关法律法规，全面落实企业经营自主权，并发展多种体制、多种服务类型的公共交通运营企业，为整个公共交通网络提供合理、全面的服务。具体来说，干线公交、BRT 系统等需要大量投资购买车辆设备的线路，可以交予资金雄厚的国有企业运营，以保障干线公交的运行质量；而支线公交等小客流量的线路则可以公开竞标的形式交予私人运营商运营，运营车辆也可以根据需要多样化。另一方面，应进一步加强政府的监督力度，成立专门的公共交通系统管理机构监管整个公交系统，从制度上保证整个公共交通运行体系的可靠运转，并利用高科技手段，建立高效的信息反馈系统，

及时发现公交系统运营商在日常运营中的不规范、不文明现象,及时予以纠正,从而打造高效、舒适、安全、可靠的公共交通系统。

(2)合理规划公交线网和公交枢纽地区

公交线网应兼顾疏解交通和疏散人口的双重功能。

目前,大容量公交的作用主要在于舒缓交通。如北京市北五环路外的天通苑地区,其与城区之间的通道只有一条主干路立汤路,每天早晚高峰交通拥堵十分严重,随着地铁 5 号线的开通,原有的拥堵情况大为改观,过去需要 40min 通过的路段在地铁开通后只需要 9min 就可以通过了。

然而从长远上看,应重视大容量公交对城市人口的疏散功能。考虑到城市中心区的环境承载力,城市中心区的人口密度不能过高,轨道交通线网的规划必须考虑将中心区人口疏散到外围的卫星城镇。北京地铁 1 号线、5 号线、上海地铁 1 号线、2 号线的规划设计方案就在这方面进行了充分的考虑。这些轨道线的建设一方面是为缓解市区内的路面交通,打通市区内的联络线;另一方面,这些轨道交通通过向城市外围的延伸,疏导人口向外围卫星城迁移。

一个有效的公交网络,不仅要包含有效的线路,也应包含有效的节点,即公交枢纽及转换站。公交枢纽应综合考虑不同层面的交通联系、疏解和引导功能,通过优化整合各类交通资源及对各类交通方式流线的合理设计,实现不同形式、不同线路公共交通之间的无缝换乘。

中国现有轨道交通位于城市边缘的站点,普遍存在缺乏一体化设计,各种交通工具之间不能方便换乘的情况。以北京市 5 号线为例,5 号线北五环外的几个站点——立水桥、天通苑南、天通苑、天通苑北,其周边有许多居民社区,但由于缺少轨道交通与常规公交的换乘设施,且“宽马路、大街区”的城市规划方式对城市微观交通的分隔作用非常明显,导致缺乏整合的换乘枢纽,使乘客在换乘是需要行走长而复杂的路线，而且其步行环境也不安全、缺乏吸引力。这种公交服务的缺失最终导致黑车泛滥，居民们既痛恨违法黑车所带来的安全隐患，又不得不去乘坐，为黑车带来客源。

中国城市有必要加强一体化公交枢纽的建设，并本着"以人为本"的原则，从细节入手，完善城市公共交通系统。目前，中国的基础设施建设领域有一种倾向，就是不管从规划、设计还是到施工，都追求工程项目的"高、大、全"，对形象设计考虑充分，对具体功能的实施缺乏关注，这是今后需要予以纠正的。对于公交枢纽的建设，应着重加强行人系统的规划设计，以行人换乘的便捷性、舒适性、步行的长度等为设计考虑的主要指标，并应特别加强大容量公共交通与常规公交的换乘连接，从而增强公交枢纽的辐射能力。

建立一体化公交枢纽，通过各种公共交通工具之间的合理配合，为乘客提供便捷、安全、舒适的换乘条件，有助于实现"门到门"的公交服务，从而增强公共交通的吸引力，提高公共交通在出行结构中的比例，并保障城市客运交通系统的高效运转。

(3)鼓励自主研发，使轨道交通建设逐步国产化

在确保安全的前提下，轨道交通项目应考虑技术先进、安全、快速、运客多、花钱少等综合指标，做到精打细算，不是唯先进是从，盲目迷信国外设备技术。宁可多铺几条线，解决交通难，也别盲目花大钱。

轨道项目建设成本中，机车的成本占50%。通过近几年国产化工作的推进，中国轨道交通机电设备的国产化程度有了显著提高；车辆、信号等关键设备基本具备组装生产能力，并形成了上海阿尔斯通、南京浦镇、长春庞巴迪、株洲西门子等具有一定规模的生产基地；最难攻克的牵引和制动控制系统等核心技术，也有了长足的进展，局部技术领域取得了"点状"突破。然而，目前中国在城市轨道交通车辆的信号系统、集成技术等关键核心领域仍然有相当部分受制于人，中国自主研发产品的技

术水平与国外先进水平相比,也还存在着不小的差距。国家必须通过各种手段,逐步实现轨道系统的国产化,这是中国城市轨道交通发展必须解决的问题。

首先,应加大研发投入,集中科研力量对轨道交通系统领域技术比较薄弱的机车牵引制动、信号控制、系统集成领域进行技术突破。其次,应通过制定中国自己的城市轨道系统的行业标准,改变只能照搬国外轨道交通系统设计规范,并听命于国外设计方指挥的现状,从设计、招投标领域保障国产设备占据主动权。应通过政策将产业链的上下游衔接起来,使自主研发技术真正得以应用。

(4)提高对 BRT 的重视程度,大力发展 BRT

城市及城市交通的规划者应该认识到,BRT 对于现阶段的中国城市交通发展是非常必要的。

首先对于一些特大城市,如北京、上海、天津等,虽然建设大运量的轨道交通是必然趋势,但在目前轨道交通尚未形成网络的情况下,以 BRT 作为大容量公交的补充形式将有助于公共交通系统的良好运作。此外,在城市边缘区,现阶段建设轨道交通是不经济的,可以发展一些 BRT 公交线路作为地铁或轻轨的延伸,以满足客流需求;其次,对一些经济实力不足的大城市,由于建设轨道交通有困难,应大力发展 BRT,并逐步形成以 BRT 和常规公交为主体的公共客运系统;对于一些中等城市,应以常规公交为主,并在可能的情况下,在城市客流主干道上适当发展 BRT,建设一条或多条 BRT 公交线路,以形成公交主导的局面。

针对市民和政府对 BRT 了解不足、认识不足的问题,应该加强对 BRT 的宣传,使大家对其相关基础设施有一定的认识,并自觉地遵守 BRT 相关规则,以保证 BRT 在中国的顺利推行。虽然 BRT 是在路面行驶,但它不同于普通公共汽车,其使用专用车道并采用大容量客车的特点，使其功能与轻轨列车相当。但是 BRT 系统是否能够实现其功效，则取决于其在道路上行驶的通畅程度。因此，对于 BRT 线路应特别加强道路管制，以保证 BRT 专用道的畅通无阻。

目前，中国大多数城市的公交线路追求通线直达，不注意转换设施的建设，造成整个公交线路的低效率。要加强 BRT 与其他公共交通换乘系统的建设，使 BRT 与其他公交连成网络，方便乘客，增加乘客对 BRT 的信赖和欢迎。维持良好的换乘秩序也是 BRT 系统能否发挥出其运行效率的关键问题之一。

参 考 文 献

[1] 北京交通发展研究中心. 北京市交通发展年度报告[R]. 北京:2006.

[2] 王欢明,戴宾,刘鹤鹤. 巴士快速交通在我国发展的可行性分析[J]. 现代交通技术,2007,(3):73-76.

[3] 杜辉. 新形势下城市居住区规划的对策与思考[J]. 四川建筑,2003,23(6):10-11.

[4] 王杨. 我国大城市边缘住区发展模式研究[D]. 哈尔滨:哈尔滨工业大学硕士论文,2004.

[5] 北京市交通委员会. 北京市综合交通规划[R]. 北京:2004.

[6] 马强. 走向“精明增长”:从“小汽车城市”到“公共交通城市”[M]. 北京:中国建筑工业出版社,2007.

[7] 许锋. 对北京的启示:20 世纪国际大都市城市密度特征[J]. 北京规划建设,2007(2):116-118.

[8] 世界银行. 中国城市发展季刊[R]. 2007(3).

[9] 张重进. 人口老龄化对社区和城市规划的影响[J]. 城市规划,1999(11):43-45.

[10] 南京市交通规划研究所. 南京城市道路发展年度报告[R]. 2001~2006.

[11] 北京交通发展研究中心. 北京市交通发展年度报告[R]. 2005.

[12] 杨玉峰. 面向未来的公共汽车交通系统[M]. 北京:人民交通出版社,2004.

[13] 陈珺. 北京新城中心地区地下空间开发利用探讨——以亦庄新城站前综合区地下空间开发利用研究为例[J]. 地下空间与工程学报,2006. 2(7):1143-1146,1153.

[14] 王霞.城市轨道交通对房地产价格的影响——以北京市轻轨13号线为例[J].城市问题,2004(6):39-42.

[15] 郑长路,徐康明.北京快速公交疏通“首堵”的良策[R].2007,1.

[16] 张雁.城市轨道交通系统战略[J].北京规划建设,2007(3):11-14.

[17] 陆锡明.城市交通系统战略[M].北京:中国建筑工业出版社,2006.

[18] 朱卫锋.轨道交通对房地产价格的影响——以杨浦区为例[J].上海房地,2007(7):49-51.

[19] 钱耀忠.上海城市轨道交通网络投融资模式[J].现代城市轨道交通,2007(4):14-16.

[20] 何明俊,陈白磊.杭州发展地面快速公交的若干思考[J].2005(1):21-23.

[21] 袁华明.杭州BRT:你一路走好![N].观察与思考,2006(15):20-24.

[22] 周文竹.南京轨道交通规划建设对城市发展的影响[J].现代城市研究,2005(12):32-37.

[23] 陈春林.关于南京城市轨道交通建设投融资方式的理论与实践的研究[J].铁道运输与经济,2006(11):248-249.

[24] 林群.深圳公交导向发展规划实践[J].城市交通,2006,4(3):5-10.

[25] 陈卫国.城市轨道交通与空间资源整合的互动——以深圳市为例[J].规划师,2007(4):84-86.

[26] 广州市交通规划研究所.广州市2006年交通年报[M].2006.

[27] 赵亚玲.广州轨道交通线网规划的发展历程[J].综合运输,2005(6):58-60.

[28] 王峰.广州:快速轨道交通发展战略[J].北京规划建设,2007(3):20-23.

[29] 陈淳.轨道交通对广州城市形态的影响研究[J].云南地理环境研

究,2007,19(1):93-95,111.

[30] 朱自强. 南京城市轨道交通建设可持续健康发展的理念与实践[J]. 都市快轨交通,2006(5):6-11.

[31] 顾新. 深圳:实现轨道交通与土地利用的互动[J]. 北京规划建设,2007(3):24-28.

[32] 王峰. 广州城市快速轨道交通的规划与实践[J]. 城市规划,2006(7).

[33] 赵一新. 城市交通规划编制与城市规划管理——以北京市为例[J]. 城市交通,2007(1):37-40.

[34] 吴次芳. 中国土地管理深层次问题的表现、成因及治理路径[C]. 第三届中国城市发展与土地政策国际研讨会论文集. 杭州:2007:13-21.

[35] 秦虹,袁利平. 汽车进入家庭对城市交通的影响及对策[J]. 城市交通,2004(1):8-12.

[36] 李兵弟. 对我国城市交通规划内涵的思考[J]. 城市交通,2004(1):3-7.

[37] 陶秉衡. 上海轨道交通建设投融资的研究[J]. 城市轨道交通研究,2001(4):60-63.

[38] 顾新,伏海艳. 东莞市TOD应用模式探索[J]. 城市交通,2007(4):51-55.

[39] 林宪德. 城乡生态[M]. 台湾:詹士书局,2005.

[40] 王晓明. 关于北京市停车问题的思考[J]. 城市交通,2005(3):32-35.

[41] 佘世英. 伦敦的公交优先政策及启示[J]. 城市交通,2007(4):66-69.

[42] 张琦. 北京动物园公交枢纽规划设计与换乘组织分析[J]. 城市交通,2005(3):4-7.

[43] 何恒光. 香港地铁的“地铁+物业”开发经验[R]. 上海TOD研讨会.

[44] 周翊民,金辰虎. 降低城市轨道交通造价的思考[J]. 城市轨道交通研究,1999(2).

[45] 张巧玲. 城市轨道交通:建设热背后的冷思考[N]. 科学时报,2007.7.26.

[46] 中国城市规划设计研究院. 我国公共交通引导城市发展策略研究[R]. 2008.7.

[47] 毛海虓. 中国城市居民出行特征研究(D). 北京:北京工业大学,2005.

[48] 开往"春天"的深圳地铁. http://news.xinhuanet.com/newscenter/200412/29/content_2389405.h.tm,2004.12.29.

[49] http://www.gov.cn/ztzl/2007-11/15/content_806266.htm,2007.11.15.

[50] 南京市地铁二号线有望不再花财政一分钱,http://www.js.xinhuanet.com/xin_wen_zhong_xin/200705/19/content_10068036.htm,2007.5.19.

[51] 三大怪圈使我国轨道交通建设路障重重. http://news.xinhuanet.com/fortune/200711/19/content_7098471.htm,2009.4.3.

[52] 维基百科 http://zh.wikipedia.org/,2009.5.28

[53] 国务院高层拍板全国20个城市地铁立项被冻结 http://news.xinhuanet.com/st/2003-01/26/content_709183.htm,2009.6.5

[54] 北京市城镇化发展水平,http://www.beijing.gov.cn/sy/rdgz/t890221.htm,2009.4.23.

[55] http://news.sina.com.cn/c/2007-11-15.

[56] http://sh.eastday.com/qtmt/20071114.

[57] zh.wikipedia.org/wiki.

[58] http://www.gov.cn/jrzg/2007-02/13.

[59] http://local. xinhuanet. com/dfyw/2006-11/22.

[60] http://news. cq. soufun. com/2008-05-22.

[61] http://www. worldbank. org. cn/Chinese/content/Issue3_Chinese_Final. pdf.

[62] Calthorpe, Peter. The Next American Metropolis: Ecology, Community and the American Dream [M]. New York: Princeton Architectural Press, 1993.

[63] Cervero Robert, The Transit Metropolis: A Global Inquiry [M]. Washington: Island Press, 1998.

[64] Bernick, Michael & Cervero, Robert. Transit Villages in the 21st Century [M]. New York: McGraw-Hill, 1997.

[65] Dittmar, Hank & Ohland, Gloria. The New Transit Town: Best Practice in Transit Oriented Development [M]. Washington: Island Press, 2004.

[66] Grant, Jill. Planning the good community: new urbanism in theory and practice [M]. London: Routledge, 2005.

[67] Cervero, Robert. Transit-Oriented Development in the US: Contemporary practices, impacts and policy directions, in Incentive, Regulationa and Plans: the role of states in Smart Growth planning (Knaap, Gerrit-Jann etc. eds.) [M]. Cheltenham, UK: Edward Elgar, 2004.

[68] Cho, Aileen. As attitudes Change, Engineer See An Industry Evolve [J]. Engineering News Record, 2005, 6.

[69] Dunphy, Robert T. etc. Developing Around Transit: Strategies and Solutions That Works [M]. Washington: The Urban Land Institute, 2004.

[70] Babsin, Marc; Hill, Marry etc. Real Estate Trends and Transit Orien-

ted Development: A Compendium for 21 Metropolitan Regions[R]. University of California at Berkeley,1997.7.

[71] Lim,William Siew Wai. Asian new urbanism[M]. Singapore : Published and distributed by Select Books,1998.

[72] Newman,Peter & Kenworthy,Jeffrey. Sustainability and Cities: Overcoming Automobile Dependence [M]. Washington: Island Press, 1999.

[73] Talen,Emily. New urbanism and American planning : the conflict of cultures[M]. London : Routledge,2005.

[74] Statistics Singapore,http://www.singstat.gov.sg.

[75] Land Transport Authority,Republic of Singapore. A World Class Land Transport System: White Paper[R],1996.

[76] Sharp Iisa. The Journey——Singapore's Land Transport Story[M]. SNP International Publishing Pte Ltd (published for Singapore LTA), 2005.

[77] Foo T S. An Effective Demand Management Instrument in Urban Transport: The Area Licensing Scheme in Singapore [J]. Cities, 1997.

[78] Foo T S. An Advanced Demand Management Instrument in Urban Transport: Electronic Road Pricing in Singapore[J]. Cities,2000.

[79] Foo T S. An Unique Demand Management Instrument In Urban transport: the Vehicle Quota Scheme in Singapore[J]. cities,1998.

[80] Barter Paul A. A Vehicle Quota Integrated with Road Usage Pricing: A Mechanism to Complete the Phise-out of High Fixed Vehicle Taxes in Singapore[J]. Transport Policy,2005.

[81] Chin A & Smith P. An Automobile Ownership and Government Policy:

the Economics of Singapore ' s Vehicle Quota Scheme, Transportation Research[J]. Part A: Policy and Practice, 1997.

[82] Ibrahim Muhammad Faishal, Improvements and Intrgration of a Public-Transport System: the Case of Singapore[J]. Cities, 2003.

[83] Koh W. T. H. & Lee D. K. C. The Vihicle Quota System in Singapore: An Assessment, Transportation Research[J]. Part A: Policy and Practice, 1994.

[84] May A D. Singapore: The Development of a World Class Transport System[J]. Transportation Reviews, 2004.

[85] Phang Sock-yong, Wong Wing-Keung & Chia Ngee-Choon. Singapore ' s Experience with Car Quotas: Issues and Policy Processes[J]. Transport Policy, 1996.

[86] Bernick , Michael & Cervero, Robert. Transit Villages in the 21st Century[M]. New York: McGraw-Hill, 1997.

[87] Cervero, Robert. Sustainable New Towns——Stockholm' s Rail-Served Satellites[J] Cities, 1995.

[88] Andersson, Magnas. Stockholm ' s Annual Rings——A Glimpse into the Development of the City[M]. , Stockhomia Forlay, 1998.

[89] Odmann, Ella & Dahlberg, Gun-Britt. Urbanization in Sweden——Means and Methods for the Planning[M]. Stockholm. National Institute of Building and Urban Planning Research, 1970.

[90] Wikipedia, http://en. wikipedia. org/wiki/public_ transportation_ in Stockholm.

[91] Wikipedia, http://en. wikipedia. org/wiki/Stockholm Metro.

[92] Wikipedia, http://en. wikipedia. org/wiki/Stockholm Congestion Tax.

[93] Wikipedia, http://en. wikipedia. org/wiki/Stockholm.

[94] Wikipedia, http://en. wikipedia. org/wiki/Transportation in Greater Tokyo.

[95] The Tokyo Metropolitan Government, City Planning of Tokyo, 1983.

[96] Municipal Government of Tokyo, City Planning of Tokyo, 1978.

[97] Willoughby C. Singapore's Motorization Policies 1960 ~ 2000[J]. transport Policy, 2001.

[98] Wikipedia, http://en. wikipedia. org/wiki/Curitiba.

[99] Wikipedia, the free encyclopedia, http://en. wikipedia/wiki/ New Urbanism.

[100] Horizon Solutions Site, Efficient Transportation foe Successful Urban Planning in Curitiba, http: www. solusion_site. org/artman/publish/article_62, 2003.

[101] Meadows, Donella. The Best City in the World. Good Medicine (IC# 39), 1994.

[102] Idea Detail, Cyritiba and its Visionary Mayor, http:/www. globalideasbank. org.

[103] Macedo, Joseli. City Profile: Curitiba[J], Cities, 2004.

后　记

从2007年开始，中国城市可持续交通研究中心（CUSTReC）和澳大利亚城市交通体制研究中心（GAMUT）共同合作，进行了有关中国城市TOD方面的研究，该研究项目由沃尔沃研究与教育基金会（VREF：Volvo Research and Education Foundation）所资助。经过两中心成员的共同努力，作为研究成果之一的《公共交通引导城市发展——TOD理念及其在中国的实践》一书终于编写完成，并得以出版。相信本书的出版，将有助于中国城市发展的决策者、规划者，以及普通城市居民更进一步了解TOD，这一有关城市及交通发展规划的理念，并为探讨中国城市交通可持续发展之路，解决中国城市交通发展中面临的发展方向、战略规划、政策制定，以及城市土地利用与交通发展模式等问题，提供一个交流的平台。

本书的出版，得到了中国交通运输部规划司和道路运输司的大力支持和帮助；在本书编写过程中，北京市、重庆市、成都市、南京市、合肥市、宁波市等城市交通主管部门和其他相关部门均给予了很大的帮助，在此向上述有关机构和部门表示由衷的感谢。此书在行文构思、框架制定和编写过程中得到了交通部科学研究院陈锁祥教授的悉心指导，并得到澳大利亚交通体制研究中心主任holas Low的大力支持，在此表示衷心的感谢。

沃尔沃研究与教育基金会所提供的资助使本书的主要研究及出版工作得以顺利进行，在此表示衷心的感谢。

本书编写过程中也得到了其他许多单位、专家和学者的大力帮助，在此一并致谢。

编者

2009 年 8 月